ABITUR-WISSEN GESCHICHTE

Uwe Brunn

Das Mittelalter

STARK

Umschlagbild
Romanische Krypta der ehemaligen Damenstiftskirche St. Maria im Kapitol in Köln

ISBN: 3-89449-505-7

D-85318 Freising · Postfach 1852 · Tel. (0 81 61) 1790

Inhalt

Autor: Uwe Brunn

Vorwort

Unsere heutigen Vorstellungen vom Mittelalter sind von Bildern bestimmt. Auf der einen Seite Aberglaube, Epidemien, Unterdrückung, auf der anderen bunte Ritterspiele, schillerndes Hofleben und prächtige Burgen. Zwei Gesichter einer Epoche: das eine finster, das andere strahlend, dieses wie jenes gleichermaßen fremd. In dieser Fremdartigkeit jedoch liegt der Reiz des Mittelalters. Autoren und Filmemacher haben das längst erkannt.

Der **Begriff** Mittelalter geht auf die Humanisten des 15. und 16. Jahrhunderts zurück, die mit „mittleren Zeitalter" vor allem die Idee einer kulturellen Leere zwischen der Antike und ihrer eigenen Zeit ausdrücken wollten. Dem Mittelalter haftete also seit seiner „Erschaffung" etwas Herabsetzendes an.

Das Mittelalter – unterteilt in frühes (5. –10. Jh.), hohes (11.–13. Jh.) und spätes Mittelalter (14.–15. Jh.) – was ist das eigentlich? Nach allgemeiner Übereinkunft beginnt es mit dem Zusammenbruch des **Weströmischen Reiches** (476), der **Völkerwanderung** bzw. dem Einbruch des **Islam** in den europäischen Raum; sein Ende markieren der Untergang des **Byzantinischen Reiches** (1453), der Abschluss der **Reconquista** (1492) und die **Entdeckung Amerikas** (1492).

Diese Daten und die dazugehörigen geschichtlichen Ereignisse zeigen, dass dem Mittelalter generell eine **gesamteuropäische Dimension** beigemessen wird: Mittelalterliche Geschichte ist also europäische Geschichte.

Mit der ständigen Erneuerung der Forschungsansätze, mit der Verbreitung neuer Methoden und Betrachtungsweisen wurde das Mittelalterbild komplexer und umfassender. Heute noch von einer dunklen, fortschrittslosen Zeit zu sprechen, hieße, dieser Entwicklung keine Rechnung zu tragen.

Des Weiteren bietet die Beschäftigung mit weit zurückliegenden Zeiten die Möglichkeit einer distanzierten und damit sachlichen Beurteilung der Gegenwart. Daher ist es Ziel des vorliegenden Buches, neben der Vermittlung eines farbigen und kontrastreichen Mittelalterbildes einen von der heutigen Zeit ausgehenden Dialog mit dem „Fernen Spiegel" Mittelalter anzuregen.

Uwe Brunn

Grundkategorien mittelalterlicher Geschichte

Der Schöpfer thront über seiner Schöpfung: Weltkarte aus einem englischen Psalter des 13. Jahrhunderts.

Weltordnung

Zeit und Endzeit

Die Zeit gehört zu den Grundkategorien des menschlichen Bewusstseins, für deren Verständnis wir allerdings auf Modelle angewiesen sind. Zeit wird als lineare, feste Größe angesehen. Wir stellen sie uns vor, aus dem Unendlichen kommend, ins Unendliche fortschreitend und überall gleichermaßen gültig. Diese Auffassung war jedoch nicht immer vorherrschend: Im antiken Griechenland oder Rom beispielsweise begriff man die Zeit als zyklisch, fasste sie auf als einen ständig sich wiederholenden Prozess des Aufstiegs und des Untergangs.

Das Christentum hat seine Zeitvorstellungen nicht aus der römischen **Antike** übernommen, sondern vom **Judentum**, dessen Modell zwar durch Linearität, aber nicht durch die Idee des Unendlichen bestimmt ist. In der Auffassung des Judentums vollzieht sich die Zeit des Menschen – mathematisch gesprochen – innerhalb einer Strecke, die mit der Schöpfung beginnt und mit dem Weltgericht endet. Dort wie auch im Christentum bilden göttliche Eingriffe Anfang und Ende der Geschichte. Damit wird Weltgeschichte zur Heilsgeschichte.

Menschliche Zeit, göttliche Zeit

Die Einheit von Welt- und Heilsgeschichte spiegelt sich insbesondere in der mittelalterlichen Zeitzählung wieder. Man zählte die Jahre – auf der Grundlage einer Zusammenrechnung der im Alten Testament angeführten Generationen und Regierungsjahre – nach der Erschaffung der Welt.

Aus der Bibel, die auch Hinweise auf das Ende der Zeiten lieferte, ließ sich auch die Dauer der gesamten menschlichen Geschichte bestimmen. Nach vielerlei Berechnungen ging man im Mittelalter davon aus, dass der Mensch am Rande der Endzeit lebe. Dieses Wissen um das unmittelbar bevorstehende **Weltgericht** hatte Konsequenzen, da sowohl das Individuum als auch die Menschheit als Ganzes in dem Bewusstsein leben mussten, für ihre Handlungen im Diesseits in nächster Zeit zur Rechenschaft gezogen werden zu können.

Die Vorbereitung des Menschen auf das Jenseits oblag vor allem der Kirche. Nach ihrem Willen sollte sich der Mensch bemühen, in dem kurzen Augenblick seiner weltlichen Existenz, die göttliche Ewigkeit zu erlangen. Die Abstimmung der menschlichen Zeit auf die göttliche machte sich im Mittelalter in allen Lebensbereichen bemerkbar. Ein wichtiger Schritt, die Menschen nach göttlichem Vorbild leben zu lassen, war die Durchsetzung des Sonntags als Tag des Herrn. So wie Gott sollte auch der Mensch am siebenten Tag ruhen.

Bis ins 9. Jahrhundert hinein wurden diesbezügliche Bestimmungen von allen wichtigen Kirchenkonzilien wiederholt. Seitdem war das menschliche Leben aufgeteilt in eine für die Arbeit bestimmte und eine Gott gewidmete Zeit.

Das liturgische Jahr

Des Weiteren wurde das Leben des Menschen durch den **liturgischen Kalender** bestimmt, dessen Rahmen das Leben Christi lieferte. Das liturgische Jahr beginnt mit einer Periode des Wartens, der Adventszeit, die mit dem Weihnachtsfest endet. Dieses, erst im 4. Jahrhundert auf den 25. Dezember festgelegt, ersetzte eine Vielzahl von heidnischen Festen zur Wintersonnenwende. Es folgt eine zwölftägige Übergangszeit zum neuen, natürlichen Jahr, die mit dem Fest der Epiphanie (im Englischen: *Twelfth Night*) abläuft. Der 1. Januar, ein aus der römischen Antike geerbtes Datum für den Jahresbeginn wurde damit verdrängt und hatte bis zum Spätmittelalter kaum noch Bedeutung, auch wenn man damit fortfuhr, sich zu diesem Tag, wie in der Antike, Geschenke zu machen.

Einen seiner Höhepunkte erreicht das liturgische Jahr mit dem **Osterfest**. Dieses festzulegen, war eine Kunst, der die Katholische Kirche hohe Bedeutung beimaß. Ostern ist ein mobiler, nicht durch den Sonnenlauf, sondern durch den Mond bestimmter Feiertag. Er fällt auf den Sonntag nach dem ersten Frühlingsvollmond. In den 40 Tagen vor Ostern wird den Menschen ein gemeinsames Fasten auferlegt (in späterer Zeit, vor allem in den Städten, eingeleitet mit dem Karneval). Dieses Fasten beinhaltet nicht nur genau bestimmte Speise-, sondern z. B. auch gewisse Sexualvorschriften. Die Einhaltung sozialer Regeln bedeutete für die einen Eingliederung, für die anderen Ausschluss aus der Gesellschaft. So machte der Gegensatz zwischen christlichem und jüdischem Osterfest die Osterwoche oft zu einer Zeit der Judenverfolgung.

Eine Reihe von weiteren liturgischen Höhepunkten ist gebunden an das Osterdatum: Christi Himmelfahrt und vor allem Pfingsten (50 Tage nach Ostern). Ebenso wie Weihnachten oder Ostern sollte auch das Pfingstfest heidnische Traditionen aufnehmen, insbesondere die zahlreichen, besonders der Jugend geweihten Maifeste.

Der durch das liturgische Jahr bestimmte Lebensrhythmus wurde im monastischen Bereich noch weiter verfeinert. Seit dem 7. Jahrhundert setzte sich in den meisten Klöstern das **Horengebet** durch, welches den Tag der Mönche in mehrere etwa dreistündige Abschnitte unterteilte (Prim, Terz, Sext, Non, Vesper, Komplet). Diese Gebetszeiten wurden durch Glockenschlag eingeleitet. Glocken verbreiteten sich von dieser Tradition ausgehend über das gesamte Abendland. Auch der Brauch des Horengebets wurde im Spätmittelalter von vielen Laien übernommen. Die kirchlich-monastische Liturgie bestimmte somit nicht nur den Jahresrhythmus des Menschen, sondern unterteilte auch seinen Tagesablauf in Abschnitte der Arbeit und des Gebets.

Im Laufe des Mittelalters trat die liturgische Zeit jedoch mehr und mehr in Konkurrenz zur rational-kaufmännischen Zeit. Mit der um 1300 erfundenen Räderuhr setzte sich in den Städten der 24-stündige Zeitrhythmus durch. Den wirtschaftlichen Ansprüchen entsprechend konnte sich das Leben fortan über das ganze Jahr hinweg etwa im gleichen Takt vollziehen. Überregional war die Zeit allerdings noch nicht vereinheitlicht. Je nach Längengrad stellte man die Uhren anders und erst im 14. Jahrhundert bemühten sich einige Monarchen, die Zeitmessung überall in ihrem Königreich aufeinander abzustimmen.

Kalender

Zeitmessung und Zeitrechnung waren im Mittelalter eine Sache der Spezialisten, vor allem der Astronomen und Historiker. Erdumlauf, Sonnenwenden und Mondzyklus bildeten die eine Seite der Zeitbestimmung, Jahreszählung und Handhabung des Kalenders die andere.

Als Grundlage der Zeitzählung im astronomischen Sinne diente im Mittelalter der zur Zeit Cäsars eingeführte **julianische Kalender**. Er orientierte sich am Erdumlauf, lag aber etwa elf Sekunden über dem natürlichen Sonnenjahr. Trotz der Einführung von Schalttagen summierte sich dieser Fehler bis zum 16. Jahrhundert zu einer Differenz von 10 Tagen. Um diese auszugleichen, ordnete Papst Gregor XIII. 1582 eine Kalenderreform an. Sein **gregorianischer Kalender** ist noch heute gültig.

Chronologie, im geschichtlichen Sinne, ist immer auch eine Frage der Kultur und Mentalität: Die Entscheidung, welche Bezugsgröße innerhalb eines Zählsystems gewählt wird, hängt vom Blickwinkel des jeweiligen Geschichtsschreibers ab. Im Mittelalter existierten mehrere Zählsysteme, die zum Teil parallel nebeneinander benutzt wurden. Was die Jahreszählung betrifft, bezogen sich die Geschichtsschreiber auf die Schöpfung, aber auch auf die mythische Gründung Roms (753 v. Chr.). Diese beiden Systeme verloren über das Mittelalter hinweg an Bedeutung und wurden von der seit dem 6. Jahrhundert durch **Dionysius Exiguus** eingeführten **Zählung nach Christi Geburt** verdrängt. Man nahm also sowohl vom alttestamentlichen Bezugssystem als auch vom heidnisch-römischen Abstand. Die Geburt Christi wurde zum Angelpunkt der Geschichte, um den sich alle anderen Ereignisse gruppieren. So wie andere Kulturen auch, schuf sich die christliche Kultur ihre eigene chronologische Weltordnung.

Erde und Universum

Antikes und mittelalterliches Weltbild

Das mittelalterliche Bild der Welt und des Kosmos ist das Ergebnis des Zusammentreffens von griechischer Naturwissenschaft und jüdisch-christlicher Theologie. Widersprüche zwischen der antiken Kosmologie und dem biblischen Schöpfungsbericht mussten möglichst aufgehoben, theologisch gelöst werden.

Eines der Grundprobleme betraf die Erschaffung der Welt selbst. Weder für **Platon** noch für **Aristoteles** – zwei für das mittelalterliche Weltbild besonders ausschlaggebende klassische Autoren – war ein göttliches Wesen Schöpfer der Materie, sondern lediglich ordnendes Grundprinzip. In der **christlichen Auffassung** vom Ursprung des Kosmos dagegen hatte Gott die Welt aus dem Nichts entstehen lassen. Damit ergab sich auch ein Unterschied bezüglich der Ansichten über die Dauer des Weltalls. Bei den griechischen Denkern wurde es als unendlich gedacht, bei den mittelalterlichen als zeitlich begrenzt.

Trotz dieser Gegensätze auf philosophischer Ebene bestimmte die Wissenschaft des Altertums die Vorstellungen vom Universum bis ins 16. Jahrhundert. Was das geozentrische Weltbild betrifft, hatte man schon früh seine astronomischen Unzulänglichkeiten festgestellt, wagte sich jedoch kaum, die griechischen Autoritäten grundsätzlich infrage zu stellen. Der Wille, die natürlichen Bewegungen der Himmelskörper mathematisch zu erfassen ohne die zentrale Stellung der Erde infrage zu stellen, führte zu immer komplizierteren Lösungsansätzen. Erst **Kopernikus** ging den revolutionären Schritt, die aristotelische und ptolemäische Tradition nicht mehr zu berücksichtigen und die Sonne in den Mittelpunkt des Planetensystems zu setzen.

Die Erschaffung der Welt. Holzschnitt von Lukas Cranach

Entgegen der heute verbreiteten gegenteiligen Meinung gehörte die **Kugelform der Erde** seit dem 8. Jahrhundert zum Wissensgut der abendländischen Gelehrten. Seit dem 13. Jahrhundert erhielt das Modell auch allgemeine Verbreitung. Selbst Darstellungen zur **Umrundbarkeit der Welt** finden sich in Schriften des Hochmittelalters.

Mittelalterliche T-O-Karte mit den drei Kontinenten. Fabelvölker wohnten am Rande der bekannten Welt: Acephali (Kopflose), Monocoli (Einäugler), Monopodii (Einfüßler) und Cynocephali (Hundsköpfler).

Für das Missverständnis unserer Zeit gegenüber dem Weltbild des Mittelalters lassen sich drei Gründe anführen. Erstens hatten sich einige der spätantiken Kirchenväter als Reaktion auf die griechische (heidnische) Kultur gegen die Kugelgestalt der Erde ausgesprochen. Zweitens hatte die theologische Verneinung einer südlichen Hemisphäre und darauf ansässiger – für die christliche Mission unerreichbarer – **Antipodenvölker** verschiedene Autoren des Mittelalters dazu bewegt, auch die Kugelform der Erde abzulehnen. Drittens kann die symbolische Darstellung der Welt auf mittelalterlichen **Karten** den Eindruck erwecken, der Zeichner habe den Erdkreis als Scheibe verstanden.

Weltkarten

Die Karte des Mittelalters hatte einen völlig anderen Sinn als heutige Landkarten. Es ging bei ihrer Erstellung nicht um topografische Genauigkeit, sondern um die landschaftliche Zuordnung biblisch oder kirchengeschichtlich relevanter Orte sowie um die geografische Einordnung heilsgeschichtlich bedeutsamer Mythen und Legenden. Der Erdkreis, wörtlich verstanden, wurde auch so dargestellt – ohne dass der Zeichner aber unbedingt an die Scheibenform glaubte.

Jerusalem war die wichtigste Stadt des christlichen Orbis, deshalb befand sie sich stets im Zentrum jeder geografischen Darstellung. Drei Kontinente waren bekannt: Europa, Asien und Afrika. Mittelalterliche Weltkarten waren „geostet“, das heißt der Osten (Asien) befand sich oben. Schematisch stellte man die Erde häufig als T in einem O dar und schrieb jedem der durch die Ineinanderzeichnung der beiden Buchstaben gebildeten drei Teilkreise einen Kontinent zu. Man spricht daher von T-O-Karten.

Die Bevölkerung jeder der drei Erdteile, so glaubte man, ginge auf einen der Nachfahren Noahs (Jafet, Sem und Cham) zurück. Ungewissheit hinsichtlich dieser Abstammung herrschte lediglich, was die am äußersten Rande des Erdkreises angesiedelten Völker betraf. Man sprach von Kopflosen, Hundsköpflern, einäugigen Zyklopen, Troglodyten (schnellfüßigen stummen Höhlenbewohnern), Pygmäen, Titanen, kopflosen Blemmyae, schlappohrigen Panotios und anderen Fabelwesen.

Wie auch heute noch Marsmenschen oder andere Science-Fiction-Figuren waren diese Kreaturen Kontrastfiguren zu dem, was man als normal menschlich empfand. Ihre übersteigerte Andersartigkeit diente dazu, mit dem alltäglich Anderen besser zu leben. Im Vergleich zu unserer Zeit haben sich nur die Grenzen zur Fabelwelt verschoben. Lagen sie im Mittelalter noch am Rand Europas, befinden sie sich heute außerhalb unseres Sonnensystems.

Mensch und Natur

Naturwissenschaft

„Die Natur ist ein von der Hand Gottes geschriebener Text" – erklärte ein Gelehrter des 12. Jahrhunderts. Beim Lesen dieses göttlichen Textes sollte man nach allgemeiner Auffassung weniger dem wörtlichen als vielmehr dem übertragenen Sinn Aufmerksamkeit schenken. Die mystische Schau der Natur sollte es dem Menschen ermöglichen, das Wirken Gottes zu verstehen. So wie die Geschichte des Menschen, verstand man auch die Naturgeschichte als Lehrbuch des Schöpfers.

Erst die Übersetzung der Werke des Aristoteles aus dem Arabischen im 12./13. Jahrhundert brachte eine deutliche Unterscheidung zwischen der Lehre von einem physischen und einem spirituellen Kosmos: In der Auseinandersetzung mit der aristotelischen Idee, die Welt gehe auf einen ordnenden Eingriff in das Chaos zurück, konnte es den mittelalterlichen Denkern nicht mehr genügen, die Natur als bloße symbolische Sprache Gottes anzusehen. Sie mussten sich nun mit den Gesetzmäßigkeiten der göttlichen Lenkung auseinander setzten und die verborgenen Kausalzusammenhänge, auf denen die Schöpfung beruhte, erforschen. Im Zuge dieses Wandels erschien das Wort „Naturgesetz" zum ersten Mal am Ende des 13. Jahrhunderts und markiert den Beginn der Naturwissenschaften nach modernerem Verständnis. Aber auch dieser neue Ansatz zur Erklärung der Natur und ihrer Phänomene führte fast nie zu quantitativen Lösungen und nur selten einmal überhaupt zu heute noch qualitativ aufrecht zu erhaltenden Ergebnissen.

Naturphänomene und ihre Deutung

Bei der Behandlung von Naturphänomenen widmete man den spektakulärsten unter ihnen selbstverständlich das größte Interesse. Abhandlungen zu der Entstehung von Erdbeben, Wind, Gezeiten, Gewitter, Regenbogen, Kometen und Meteoren finden sich in den meisten Traktaten zum Thema Natur.

Der weitaus größte Teil der Gesellschaft hatte jedoch nicht die geringste Vorstellung von den in akademischen Kreisen vorgelegten Erklärungen natürlicher Phänomene. Das soll nicht heißen, dass in der vorwiegend auf Landwirtschaft ausgerichteten mittelalterlichen Kultur kein Interesse an der Natur bestanden hätte. Im Gegenteil – die Abhängigkeit des Bauern von ihr musste ihn zwangsläufig dazu bewegen, sie auf seine Weise zu deuten. Um sich vor Missernten zu schützen, war er gezwungen, sich ein spezielles empirisches Wissen um die Vorgänge in der Natur anzueignen. Dieser über Jahrhunderte angesammelte Kenntnisschatz ist uns noch heute in Form von **Bauernregeln** zum Teil überliefert.

Die Beschäftigung mit der Natur und ihren Erscheinungen war jedoch nicht nur eine Angelegenheit des von theoretischem Interesse geleiteten Naturwissenschaftlers oder der von Lebensnotwendigkeit gedrängten Landmannes, sie war vor allem auch eine Sache der Theologen und Geschichtsschreiber. Kosmos, Heils- und Weltgeschichte waren ja nach mittelalterlicher Auffassung miteinander verbunden. Alles aus Gott Entstandene sollte nach dem Jüngsten Gericht wieder in die Hände des Schöpfers zurückkehren. Die Frage der Endzeit betraf den Menschen, die Natur und den Kosmos gleichermaßen. Der Weltuntergang sollte aber nach der apokalyptischen Literatur nicht plötzlich eintreten, sondern von Vorzeichen am Himmel und in der Natur angekündigt werden. Kometen, Sonnen- und Mondfinsternisse, Nordlichter, Meteore, so genannte Blutregen oder Erdbeben konnten damit heilsgeschichtlich aufgefasst und als göttliche Mahnung vor dem Jüngsten Gericht gedeutet werden. Geschichtsschreiber schenkten solchen Phänomenen deshalb größte Beachtung. Für sie waren sie eine Komponente der Weltgeschichte und damit Teil der Schöpfungsgeschichte und konnten dem genauen Beobachter der Zeit Erkenntnisse über den Stand der Menschheit gegenüber dem Weltende liefern.

Gesellschaft

Individuum und Gemeinschaft

Jeder Mensch verinnerlicht bis zu einem gewissen Grad die Kultur, in der er lebt – ihr Wertesystem, ihre Weltanschauung, ihre Traditionen. Individuum zu sein, bedeutet, sich seiner Kultur zu stellen, sich durch Selbstreflexion das Eigene gegenüber dieser Kultur bewusst zu machen.

Der in der frühen mittelalterlichen Kunst dargestellte Mensch trägt kaum individuelle Züge. Nicht das Besondere, sondern das Beispielhafte waren Gegenstand künstlerischer Betrachtung. Individualität scheint kaum Berücksichtigung gefunden zu haben. Man wusste, der Heilsplan Gottes galt gleichermaßen für alle, Zukunft war nicht individuell, sondern kollektiv, der Mensch als Mikrokosmos Abbild des einen und unteilbaren, gottgeschaffenen Makrokosmos, dem er unterstand. Nur Hochmut konnte den Menschen nach der Auffassung dieser Zeit dazu bewegen, sich selbst als „Sonderfall" zu betrachten. Jedes Zeichen von Individualität erweckte Misstrauen.

Gruppenzugehörigkeit

In Gesellschaften, in denen Individualität so weit zurücktritt wie in der frühmittelalterlichen, musste andererseits das Gefühl der Gruppenzugehörigkeit besonders ausgeprägt sein. Je weiter wir uns in der Zeitskala zurückbewegen, desto mehr Macht scheinen die engen Gemeinschaften wie das **Haus** oder die **Sippe** auf den Einzelmenschen gehabt zu haben. Je weiter wir uns dagegen der Neuzeit nähern, lässt sich feststellen, wie das Gewicht größerer Entitäten wie dem **Staat** oder der **Christenheit** zunimmt. Gleichzeitig haben sich diese immer dominanteren, weiter gespannten Körperschaften vom Menschen entfernt, institutionalisiert und versachlicht. Der Einzelne fühlte sich nicht mehr notwendigerweise als deren integrierter Bestandteil, sondern stand ihnen als **Individuum** gegenüber.

Andere Formen der Gesellschaftlichkeit traten das Erbe jener alten und zumeist verwandtschaftlich geprägten Gruppen an, aus denen der Mensch Stück für Stück herausgewachsen war: Gilden, Kommunen und Brüderschaften als Schwurgemeinschaften freiwilliger Zugehörigkeit. Bei ihnen ging es um den kollektiven Beistand gegenüber dem Einzelnen, der innerhalb einer komplexer und unsicherer werdenden Welt neuen Schutz und Frieden suchte.

Neues Ich-Bewusstsein

Dem ersten Anschein nach sieht es also so aus, als sei der mittelalterliche Mensch nur in der Gemeinschaft existenzfähig gewesen. Doch lassen sich im Verlauf des Mittelalters erste Zeichen seiner Individualisierung erkennen. So zeigen sich in der Bildhauerei seit dem ausgehenden 11. Jahrhundert Bestrebungen einer porträtähnlichen Darstellung, in der Literatur erscheint die Ich-Erzählung und im Roman lassen sich Frühformen des inneren Monologs ausmachen. In der Ritterepik tritt der Held vom öffentlichen in den privaten Raum. Die Liebe wird als ein wichtiger Teil des menschlichen Lebens wieder entdeckt, die Ehre zu einem neuen poetischen Ideal. Ein neues Ich-Bewusstsein tritt langsam ans Licht. Zunächst nur innerhalb einer kleinen höfischen, städtischen oder monastischen Elite, dann aber auch in weiteren Kreisen. Das Hochmittelalter ist die Epoche der Wiedergeburt menschlicher Individualität.

Freiheit und Abhängigkeit

Freiheit und Unfreiheit gehören zu den wichtigen Grundbegriffen der mittelalterlichen Sozialgeschichte. Eine nur auf ihnen beruhende Kategorisierung der Gesellschaft ist allerdings unzureichend, da sie kaum die soziale Realität trifft. In Wirklichkeit waren die Freiheitsrechte immer an das konkrete Machtpotenzial des Einzelnen gebunden. Will man die Kategorien der Freiheit und Unfreiheit also näher erfassen, gilt es, eine Einteilung nach zwei weiteren Gesichtspunkten hinzuzuziehen – die des **Mächtigen und des Armen**. Mächtig zu sein, bedeutete, dem König nahe zu stehen und öffentliche Gewalt auszuüben, militärisch und wirtschaftlich herauszuragen. Arm zu sein, hieß, politisch machtlos, wirtschaftlich schwach und militärisch unbedeutend zu sein. Wie bei der Freiheit, gab es natürlich auch bei der Macht zahlreiche Abstufungen, sodass sich eine Unterteilung der Gesellschaft in Mächtige und Arme allein ebenso wenig rechtfertigt wie diejenige in Freie und Unfreie. Unter dem Eindruck aber, dass die Mächtigen durch eine Fülle von Freiheitsrechten hervorragten, die Armen aber unter zahlreichen Restriktionen zu leiden hatten, verschmolzen die Begriffe Macht und Freiheit, Armut und Abhängigkeit.

Sklaven und Unfreie

Die frühmittelalterliche Unterteilung in frei und unfrei war zunächst durch die spätantik-römische Tradition bestimmt. Nach römischer Auffassung war frei, wer volle Freizügigkeit genoss, wer voll rechtsfähig war und öffentlichen Gerichten unterstand (also vor willkürlichen Strafen geschützt war). Im Gegensatz zu dieser Freiheit stand zunächst das **Sklaventum**. Der Sklave stand außerhalb jeder rechtlichen Ordnung, war voll der Macht seines Herren unterstellt und hatte keinerlei Rechtsmittel gegen ihn. Er durfte nichts besitzen, konnte nichts verdienen, durfte weder seinen Partner frei wählen, noch gehörten ihm seine Kinder. Die Sklaverei war eine der wirtschaftlichen Grundlagen der antiken Welt. Schon im Laufe des Frühmittelalters verlor sie jedoch Stück für Stück an Bedeutung. Wandlungen in der Agrarstruktur und technischer Fortschritt machten sie außerdem unrentabel.

Im Gegensatz zu dem als Sache aufgefassten Sklaven des Altertums erkannte man auch dem untersten **Unfreien** im Mittelalter zumindest eines zu: Persönlichkeit. Er galt, wenn auch eingeschränkt, als vermögensfähig, wirtschaftete zum Teil in Eigenverantwortung und besaß feste Rechte, die von seinem Herren nicht ohne weiteres angetastet werden durften. Andererseits umfasste seine Unfreiheit auch genau definierte Pflichten und Dienste und übertrug sich, wie die antike Sklaverei, unter dem Druck der Mächtigen von den Eltern auf die Kinder.

Praktisch gingen Freie mit Freien und Freie mit Unfreien eine Reihe von sich immer weiter systematisierenden Verbindungen ein, die die gesamte mittelalterliche Gesellschaft strukturierten. **Grundherrschaft** und **Lehnswesen** bildeten solche Beziehungsgefüge.

Grundherrschaft

Wirtschaftliche Grundlage des Lehnswesens war die Grundherrschaft. Wer ihr unterlag, hatte zumindest unter Rechtseinschränkungen zu leiden. Grundherrschaft bezeichnet eine Herrschaft, die sich, vom freien Herreneigentum an Land ausgehend, auf die jeweiligen Bewohner dieses Landes übertrug, sich also zu einem Eigentumsverhältnis an Menschen erweiterte. Gekoppelt war sie zumeist auch an eine **Gerichtsherrschaft**, welcher der Kreis der Abhängigen ebenfalls unterlag.

In den meisten Fällen wurde die frühmittelalterliche Grundherrschaft im Rahmen des **Fronhofverbands** ausgeübt. Es handelte sich dabei um einen agrarischen Domänenbetrieb, der sich durch eine wirtschaftliche Zweiteilung des herrschaftlichen Eigentums auszeichnete. Einen Teil seines Ackerlandes, das **Salland**, bewirtschaftete der adlige Grundeigentümer unter Hinzuziehung unfreier Arbeitskräfte selbst, den anderen Teil, die **Hufen**, gab er an **Hörige** aus. Als Gegenleistung für die Eigenwirtschaft waren diese zu Abgaben an den Gutsherren und vor allem zu **Frondiensten** auf dem Eigenbetrieb (also auf dem Salland) verpflichtet, der nur so produktiv sein konnte. Mit der stückweisen Verpachtung des zunächst selbst bewirtschafteten Sallandes wurde der Frondienst überflüssig und oft von Geldabgaben abgelöst.

Damit glich sich der Status der auf den verschiedenen Teilen der Domäne wirtschaftenden Personen langsam an. Unabhängig von ihrem Rechtsstand wurden alle Beschäftigten gleichermaßen zu Pächtern. Es entwickelte sich ein Bauernstand, dessen Angehörige dem jeweiligen Recht ihres Herren gemäß mehr oder weniger Handlungsspielraum besaßen, mehr oder weniger frei waren.

Lehnswesen

Im Lehnswesen flossen drei Elemente zusammen: die Landleihe, das vasallische Dienstverhältnis und die germanische Gefolgschaft. Begründet wurde es durch einen förmlichen Rechtsakt, die **Lehnshuldigung**, bei dem der Lehnsmann beide Hände in die des Lehnsherren legte und sich zu Treue und Mannschaft, Heer- und Hoffahrt verpflichtete. Als Gegenleistung erhielt er ein Lehen (zumeist Grund und Boden aber auch Ämter), das er auf Lebenszeit nutzen konnte. Waren Lehen zunächst nicht verpfändbar, verleihbar oder veräußerbar, wurden sie im Hochmittelalter erblich – das galt ebenso für die ausgegebenen Ämter. Auch stand in der ersten Zeit die personelle **Treuebindung** im Vordergrund, während der dingliche Teil des Lehnsverhältnisses, das heißt die Ausgabe eines **Benefiziums** (z. B. eines Stück Landes), zurücktrat. In späteren Epochen dagegen wurde umgekehrt die Zuteilung eines Lehnsgutes als Voraussetzung für das Treueverhältnis betrachtet. Gesellschaftlich bedeutsam wurde das Lehnswesen dadurch, dass das Lehnsgut oder Teile davon vom Lehnsmann an einen Untervasallen weitergegeben werden konnten. Idealisiert entstand so eine **Lehnspyramide**, an deren Spitze der König stand und die sich bis zu den kleinsten Lehnsleuten immer weiter ausbreitete.

Beide Bildfolgen stammen aus Abschriften des Sachsenspiegels, dem ältesten deutschen Rechtsbuch des Mittelalters (13. Jh.). Die obere Sequenz zeigt die einzelnen Etappen der Lehnshuldigung und der Landleihe. In der zweiten Bildserie sind drei weitere mittelalterliche Rechtsakte dargestellt: die Königsweihe durch den Papst, der Freikauf von der Heerfahrt und der Richtspruch auf dem Lehnsgericht.

Geistlichkeit und Weltlichkeit

Geht man die Frage der Weltlichkeit und Geistlichkeit nach der sozialen Herkunft ihrer Repräsentanten an, stellt man fest, dass beide Kategorien sowohl in den niedrigsten als auch auf den höchsten Ebenen der Gesellschaft präsent waren. Ein Bischof gehörte fast immer einer großen Adelsfamilie an und stand auf gleichem Rang wie ein Graf oder Herzog. Er übte meist administrative, juristische und häufig sogar militärische Funktionen aus, war also politischer Herrschaftsträger. Der einfache Geistliche dagegen entstammte den unteren Gesellschaftsschichten, war häufig unfreier Herkunft und hatte ein äußerst bescheidenes Auskommen. Die Differenzierung beider Kategorien stellt dennoch eine der wichtigsten Grundlagen zum Verständnis der mittelalterlichen Gesellschaft dar.

Die Komplementarität zwischen Geistlichkeit und Weltlichkeit

Die Abhängigkeit zwischen Geistlichkeit und Weltlichkeit basierte zunächst auf dem Unterschied ihrer sozialen Funktionen, auf dem Austausch zwischen geistlichen Reichtümern, die nur der Klerus auszuteilen vermochte und weltlichen Gütern, die nur der Laie zu produzieren in der Lage war. Die Berufung des Klerus war es, zwischen Gott und den Menschen durch Gebete, Messen und Liturgie zu vermitteln, die des Laien, ihn durch die Früchte seiner Arbeit (welche die Kirche mit dem Zehnten – im Prinzip zehn Prozent – besteuerte) und durch Opfergaben, Geld- und Immobilienschenkungen materiell zu unterstützen. Auch war es die Aufgabe jeder Generation von Laien, die vitalen Kräfte des Klerus und des Mönchtums zu erneuern, da deren Repräsentanten nach dem Beispiel Christi im Zölibat leben sollten.

Differenzierung

Seit dem Ende des 11. Jahrhunderts sollte der geistliche Stand nach päpstlichem Willen sowohl hinsichtlich seiner Lebensform als auch durch äußere Merkmale vom Laienstand klarer unterscheidbar sein und sich durch diese Differenz nach oben von ihm abheben. Deshalb geriet zunächst das Priesterzölibat in den Mittelpunkt kirchlicher Reformforderungen, dann auch die spezielle priesterliche Kleidung, die Tonsur, Bartlosigkeit und kurze Haartracht. Den Klerikern sollte in der christlichen Gesellschaft eine Vorrangstellung zukommen.

Aber auch das Dasein des Laien versuchten reformerische Kreise neu auszuformen. In allen wichtigen Momenten seiner Existenz wurde vom Gläubigen eine Hinwendung zur kirchlichen Institution gefordert. So sollte der „fleischlichen Geburt" notwendigerweise die Taufe als „geistliche Geburt" folgen.

Elternschaft wurde die Patenschaft einhergegeben. Heirat wurde gefördert, vorausgesetzt sie wurde nicht mehr familienintern abgeschlossen, sondern dem Segen des Priesters unterzogen. Und auch der Übergang vom Leben in den Tod sollte von der Kirche begleitet sein.

Bis zum Ende des Mittelalters wurde die in den verschiedensten Bereichen gezogene Trennlinie zwischen weltlichem und geistlichem Bereich zwar unschärfer – Laien, Männer wie Frauen, wurden zu Predigern, lernten Latein und bildeten ihre eigenen religiösen Lebensformen heraus – insgesamt jedoch blieb sie bestehen und wurde nur selten grundsätzlich infrage gestellt. Wer diesen Schritt tatsächlich wagte, zweifelte zugleich an den Grundlagen der Gesellschaft und endete deshalb häufig als Ketzer auf dem Scheiterhaufen.

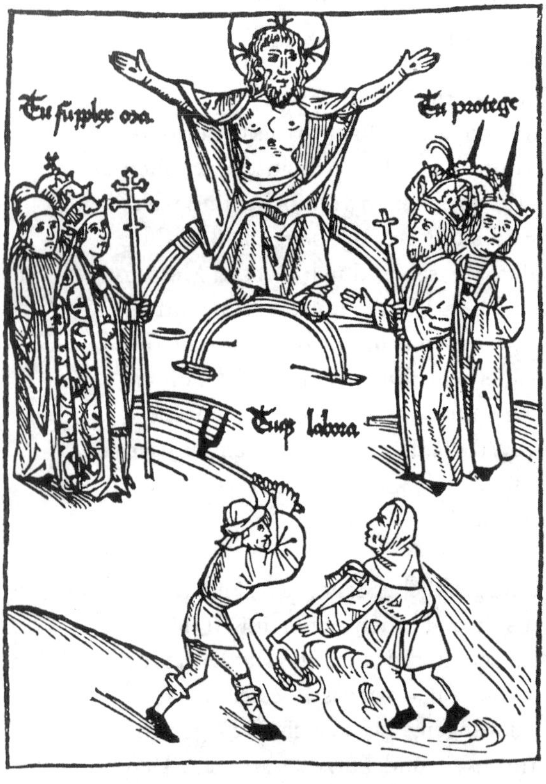

Die mittelalterliche Ständeordnung in einem Holzschnitt des 15. Jahrhunderts.
Im Mittelpunkt steht Christus umgeben von den drei Ständen, denen jeweils ihre Funktionen im mittelalterlichen Weltbild zugewiesen sind: Adel und Geistlichkeit stehen direkt unter Christus. Der Klerus auf der linken Seite hat mit „Tu supplex ora" die Aufgabe, inständig zu beten. Der weltliche Adel (rechts) erhält die Funktion des Schutzes mit „Tu protege". Den Bauern schließlich, die sich auch in dieser Darstellung auf der untersten Stufe befinden, kommt in dem gesellschaftlichen Gefüge die Arbeit zu: „Tu (que) labora".
(Aus Lichtenbergs „Prognosticatio", Mainz 1492)

Herrschaft

König und Fürst

Das mittelalterlich-deutsche Königtum ist eine Synthese verschiedener antiker Herrschaftsformen. In ihm gingen Elemente der hellenistischen Monarchie wie des biblischen Priesterkönigtums auf, es trat das Erbe des römischen Kaisertums an und übernahm auch Bestandteile des germanischen Heerkönigtums.

Germanisches Königtum

Nach germanischer Auffassung war der König mit einem besonderen Charisma und einer speziellen göttlichen Gnade versehen: dem **Königsheil**. Heil war nicht individuell wie die christliche Heiligkeit, sondern konnte ganzen Familien, Sippen oder Stämmen anhaften. Königsheil war die Grundlage aller Macht, drückte sich im Wohlstand des Reiches, in der Vitalität des Volkes und im Frieden aus. Auch bedeutete Königsheil Konsens mit dem Volk. Von einer glücklich regierenden Königssippe wandte man sich nicht ab. Familiäre, auf Erbcharisma gestützte Herkunft, legitimierte also die Herrschaft.

Das germanische Königtum war ein **Heerkönigtum**. Volk und Heer wurden auch in merowingischer Zeit noch weitgehend als Einheit betrachtet. In den Heeres- oder Volksversammlungen entschied der König, wobei jedoch den wichtigen Familien im Reich ein Mitspracherecht zustand. Bei allen schwerwiegenden Entscheidungen musste der Herrscher die Zustimmung der Großen einholen. Deshalb geschah auch keine Thronerhebung ohne Wahl.

Kirchliche Mitbestimmung

Die Kirche versuchte Blutsbindungen und damit auch die für die Königswahl mitbestimmende Geblütsheiligkeit zurückzudrängen und diese durch das Prinzip der Eignung (**Idoneität**) des Kandidaten zu ersetzen. Die Prüfung auf Idoneität sollte den Fürsten oder auch direkt der Kirche zufallen. Die Forderung nach päpstlichem Mitspracherecht bei der Wahl waren schon seit der ersten großen Auseinandersetzung zwischen Kaiser- und Papsttum Ende des 11. Jahrhunderts spürbar, konkrete Eingriffe auf der Grundlage des Idoneitätsprinzips gewannen jedoch erst seit dem Deutschen Thronstreit 1198 an Bedeutung.

Drei Kräfte bestimmten also ursprünglich die Auswahl des deutschen Königs: Geblüt, fürstliche Zustimmung und kirchliche Anerkennung. An der unterschiedlichen Gewichtung dieser Kräfte lassen sich auch konstitutionelle Entwicklungen ablesen.

Die Erhebung zum deutschen König

Von Beginn an ist die deutsche Thronfolge durch eine **Verschränkung von Erb- und Wahlrecht** bestimmt. Zu verschiedenen Zeiten des Mittelalters verschob sich lediglich das Gewicht dieser beiden Pole. Hatte ein König einen regierungsfähigen Sohn und bestimmte er diesen zum Mitregenten oder Nachfolger, trat das Erbrecht in den Vordergrund, war er letzter Repräsentant seiner Dynastie, war das Wahlrecht ausschlaggebend.

Um König zu werden, sollte man vom vorhergehenden König designiert werden. Über diese **Designation** flossen geblüts- und erbrechtliche Vorstellungen in die Thronfolgeregelung ein. Designation bedeutete für die Wähler einen bindenden Wahlvorschlag, dem sie aufgrund ihres Treueverhältnisses zum König zu folgen hatten. Als Zeichen der Ernennung wurden dem Designierten beim Machtwechsel die königlichen **Insignien** überreicht.

Dann folgte die Wahl durch die geistlichen und weltlichen Fürsten. Bei ersteren kam die Hauptrolle den Erzbischöfen von Mainz, Köln und Trier zu, bei letzteren den Repräsentanten der vier Hauptstämme Bayern, Sachsen, Franken und Schwaben. Die Lothringer waren gleichberechtigt, nahmen aber, da sie keinen Stamm im eigentlichen Sinne darstellten, eine Sonderrolle ein. Der Rest der Wählerschaft war im früheren Mittelalter sehr zahlreich, schränkte sich aber immer weiter ein. Ab der Mitte des 13. Jahrhunderts entschieden allein die sieben **Kurfürsten** über die Wahl des deutschen Königs.

Das dynastische Prinzip: Ekkehard von Aura zeigt in seiner Chronik die Abfolge der Salierkaiser: Auf Kaiser Konrad II. folgen sein Sohn Heinrich III., dann sein Enkel Heinrich IV. Von dessen Kindern tritt Heinrich V. (links unten) die Nachfolge an. Das rechte Bild zeigt Heinrich IV., der seinem Sohn zum Zeichen der Herrschaft die Insignien übergibt.

Eine **Wahl** war nach mittelalterlichem Verständnis vom göttlichen Willen bestimmt. Gott wählte, die Großen, auf die sich sein Wille übertrug, erhoben seinen Kandidaten. Mittelalterliche Wahlen mussten deshalb zwangsläufig einstimmig ablaufen. Einstimmigkeit bedeutete göttliche Legitimierung. Gab es Gegner, mussten sich diese vom zeremoniellen Wahlakt zurückziehen und eine neue Wahl mit neuer Einstimmigkeit herbeiführen. Bei Doppelwahlen konnten sich also unter Umständen beide Parteien auf sie berufen und damit auch göttliche Zustimmung geltend machen. Dieses Prinzip hatte immer wieder zu rechtlich unlösbaren Konflikten an der Spitze des Reiches geführt. Erst das in der Mitte des 14. Jahrhunderts konstitutionell eingeführte **Mehrheitsprinzip** wirkte dem Risiko solcher Schismen entgegen.

Der Wahl folgte die **Huldigung** der Fürsten. In ihr spiegelten sich die gefolgschaftsrechtlichen Momente im mittelalterlichen Staatsaufbau wieder. Sie zeigte, dass der König als oberster Lehnsherr des Reiches verstanden wurde.

Daran schloss sich die **Thronsetzung** an. Es handelt sich dabei um einen Akt, der zunächst ausschließlich in den Händen der weltlichen Fürsten lag und durch die **Akklamation** (Zustimmung) des Volkes bestätigt wurde. Seit der Aachener Krönung Ottos des Großen im Jahr 936 trat diese rein weltliche Inthronisation jedoch hinter ein Zeremoniell zurück, in dem auch der Geistlichkeit eine entscheidende Rolle zukam.

Otto der Große wurde im Aachener Münster unter dem Vorsitz des Erzbischofs von Mainz zunächst gesalbt, dann gekrönt und schließlich auf den Thron Karls des Großen erhoben. Die **Salbung** verlieh dem Herrscher priesterlichen

Das Wahlprinzip: Karl IV. und die sieben Kurfürsten: die Erzbischöfe von Mainz, Köln und Trier (rechts vom Herrscher), der König von Böhmen, der Pfalzgraf bei Rhein, der Herzog von Sachsen-Wittenberg und der Markgraf von Brandenburg (links von ihm), aus einem Wappenbuch um 1370.

Charakter, rückte ihn in besondere Nähe zu Gott und drückte seine Bindung an die Kirche aus. Wie schon lange zuvor im westfränkischen Reich, setzte sich nun auch in den deutschen Gebieten das **Königtum von Gottes Gnaden** endgültig durch. Mit dem Aachener Staatsakt geht also eine Sakralisierung der Herrscheridee im ostfränkisch-deutschen Reich einher. Die **Inthronisation auf dem Stuhl Karls des Großen** erhielt nun konstitutiven Charakter und gehörte fortan zu den wichtigsten Legitimationsmitteln der deutschen Könige.

Die Rolle der Fürsten bei der Krönung trat beim Regierungsantritt Ottos I. insbesondere in einem weiteren zeremoniellen Festakt, dem **Krönungsmahl**, hervor. Hier leisteten die Herzöge als Träger der germanischen **Hofämter** (Truchsess, Marschall, Kämmerer und Schenk) Dienst an der Tafel. Sie verdeutlichten damit einerseits ihre herausragende Stellung unter den anderen Fürsten, andererseits aber auch ihre enge Bindung an das Königtum. Seit dem 13. Jahrhundert wurden die vier Hofämter territorialisiert, das heißt an bestimmte Länder gebunden. Der Pfalzgraf bei Rhein war von nun an immer auch Truchsess, der Herzog von Sachsen Marschall, der Markgraf von Brandenburg Kämmerer und der König von Böhmen Schenk. Zusammen mit den drei Erzkanzlern, den Erzbischöfen von Mainz, Köln und Trier bildeten diese sieben Inhaber der Hofämter das so genannte Kurkollegium, das seit der Mitte des 13. Jahrhunderts faktisch allein über die Wahl des Königs entschied und dieses alleinige Wahlrecht im Jahr 1356 in der **Goldenen Bulle** Karls IV. zugesichert bekam. Während sich in den französischen oder englischen Monarchien das Erbkönigtum durchsetzte, entwickelte sich in Deutschland also das **Wahlkönigtum**.

Den persönlichen Interessen der Fürsten lief eine rein monarchistische Politik häufig zuwider. Deshalb wurden sie in vielen Fällen zu den Hauptgegnern des Königs. Jegliche Tendenz zur Erbmonarchie versuchten sie schon bei der Wahl zu vermeiden. Gab es mehrere Prätendenten auf den Thron, wählten sie nicht selten den schwächsten Kandidaten zum König, um ihre eigene Macht so wenig wie möglich zu beeinträchtigen.

Kaiser und Papst

Die römischen Kaiser der Antike waren seit **Konstantin I.** (306–337) zum Christentum übergetreten, das unter Theodosius offizielle Staatsreligion wurde. So wie die Kaiser vorher Garanten des heidnischen Kultus waren, wurden sie nun auch zu Beschützern des christlichen Glaubens. Seit **Karl dem Großen** (768–814) führten auch fränkische Herrscher den römischen Kaisertitel. Sie erlangten damit eine herausragende staatsrechtliche Bedeutung innerhalb des Abendlandes, rückten aber auch in engere Beziehung zur Kirche. Ihr Aufstieg zum Kaisertum hatte sich mit der Hilfe des Papsttums vollzogen. Der Papst salbte den Kaiser und beanspruchte im Gegenzug Schutz vor politischen Feinden. Aus diesem Abhängigkeitsverhältnis ergaben sich über das gesamte Mittelalter hinweg zahlreiche Spannungen.

Der Zusammenhang zwischen deutschem Königtum und römischer Kirche

Otto der Große, zunächst von den ostfränkisch-deutschen Stämmen zum König gewählt, erneuerte im Jahr 962 das karolingische Kaisertum und unterstellte sich damit dem gleichen Abhängigkeitsverhältnis von Kirche und Reich wie Karl der Große. Seit Otto dem Großen bedeutete die Wahl zum deutschen König auch **Anwartschaft auf die Kaiserkrone**. Diese drückte sich später in dem Titel „König der Römer" für den deutschen König aus.

Kaiser wurde jedoch nur, wer einen **Romzug** auf sich nahm und sich vom Papst salben und krönen ließ. Nur der Papst als geistliches Oberhaupt der lateinischen Christenheit konnte – zumindest nach kirchlichen Vorstellungen – die höchste weltliche Würde, die des Kaisertums, verleihen. In Wirklichkeit war die Frage nach der Rolle, die dem deutschen König oder dem Papst bei der Kaiserhebung zukommen sollte, über das gesamte Mittelalter hinweg heftig umstritten. Dabei ging es um das grundsätzliche Machtverhältnis der beiden Universalgewalten und um ihre Rangfolge als höchste Herrschaftsträger im mittelalterlichen Europa.

Herrschaftsüberschneidungen zwischen Kaiser- und Papsttum

Nun verstand sich aber weder der Kaiser als rein weltlicher noch der Papst als rein geistlicher Herrscher. Einerseits fühlte sich der Kaiser durch Gott legitimiert, galt als Stellvertreter Christi auf Erden und nach dem Beispiel der alttestamentlichen **Priesterkönige** als Mittler zwischen Gott und den Menschen. Andererseits aber sah sich auch der Papst nicht nur als Nachfolger des Apostels Petrus und damit als geistliches Oberhaupt der Christenheit, sondern nahm auch für sich in Anspruch, durch **Delegation Konstantins I.** die Nachfolge der oströmischen Kaiser angetreten zu haben.

Die Überschneidung von Machtansprüchen entlud sich bis Mitte des 11. Jahrhunderts aber kaum in politischen Gefechten zwischen Kaiser und Papst. Zu stark war die Dominanz der ottonischen und salischen Herrscher, um der Kirche den dafür notwendigen Handlungsspielraum zu lassen. Erst in der Folgezeit mündeten innerkirchliche Reformprojekte, neue Denkmethoden, ein anderer Führungsstil der Päpste, die Nutzung neuer ideologischer Machtmittel und Veränderungen im allgemeinen politischen Gefüge des Abendlandes in die Forderung einer völligen Emanzipation der Kirche von der weltlichen Macht.

Die politische Umsetzung dieses Anspruchs auf eine deutliche Trennung zwischen spiritualer und säkularer Gewalt erfolgte während des so genannten **Investiturstreits**, der eine weitgehende **Entsakralisierung des Königtums** zur Folge hatte und schließlich auch das Ende der königlichen Kirchenherrschaft einleitete.

Stadt und Stadtherrschaft

Das Hochmittelalter ist durch ein starkes **Bevölkerungswachstum** in ganz Europa gekennzeichnet. Ein Aufschwung in Wirtschaft und Handel ging mit dieser Entwicklung seit dem 11. Jahrhundert einher und trug zu einer raschen Ausweitung städtischer Siedlungen bei. Die mittelalterliche Stadt im engeren Sinne geht auf drei verschiedene siedlungsgeschichtliche Frühformen zurück: die alte **Römerstadt** (vorwiegend an Rhein und Donau), die dauernde **Kaufmannsniederlassung** (Kaufmannswike, vorwiegend an Nord- und Ostsee) und den **Marktort** der großen Grundherrschaften (vorwiegend im Binnenland). Sie lässt sich gegenüber ihrem Umland in juristischer Hinsicht (Stadtrecht), nach demographischen Gesichtspunkten (Bevölkerungsdichte), nach ihren wirtschaftlichen Eigentümlichkeiten (Arbeitsteilung, Spezialisierung, Produktivität), nach ihrer geografischen Stellung (Zentralität) und ihren sozialen Wesenszügen (Differenzierung, Mobilität) definieren.

Die Stadt als eigener Rechtsbereich

Eines der wichtigsten Merkmale der deutschen Städte in ihrer Frühphase war die Trennung von herrschaftlichem und wirtschaftlichem Zentrum: Auf der einen Seite der **Grundherr** mit seiner Ministerialität, auf der anderen die **Marktsiedlung** mit Kaufleuten und Handwerkern. Schon früh hatten sich letztere zur Verteidigung ihrer Interessen zu **Schwurverbänden** zusammengetan, die dann in weiter gespannten Bürgervereinungen aufgingen. Aus den den Feudalherren abgerungenen Rechten, insbesondere dem Marktrecht, entwickelte sich ein spezielles Stadtrecht, dessen Geltungsbereich sich im Allgemeinen bis an den Mauerring erstreckte.

Mit dem Aufschwung von Wirtschaft und Handel im 11. Jahrhundert verstärkte sich die Forderung der Bürgergemeinden nach mehr **Autonomie** gegenüber dem Stadtherren. Häufig konnte dieser Anspruch aber nur unter Androhung von Gewalt herbeigeführt werden und entlud sich nicht selten in

Aufständen. Dabei handelte es sich zumeist nicht um die grundsätzliche Infragestellung der feudalen Ordnung, sondern einerseits um die Forderung nach Anpassung der politischen und rechtlichen Strukturen an die wirtschaftlichen Erfordernisse der Stadt als Zentrum des freien Austauschs von Waren und andererseits um die Schaffung einer neuen, in den Händen der Bürger liegenden finanziellen und militärischen Selbstverwaltung.

Jede Stadt hatte ihr vom **Stadtherren**, König oder Landesfürsten verliehenes eigenes Recht, das dem Bürger aber in fast allen Fällen Freiheit und Freizügigkeit zusicherte, sobald er länger als ein Jahr und einen Tag innerhalb der Stadtmauern lebte. Diese Freiheit „nach Jahr und Tag" zog viele Bewohner des Umlandes an.

Stadtherrschaft

Städtische Herrschaft war trotz der Einrichtung bürgerlicher Institutionen nicht demokratisch aufgebaut. Die Mitwirkung im **Stadtrat** war den ratsfähigen Familien, einer kleinen Bürger- oder feudalen Amtsaristokratie, vorenthalten. Reichtum stellte die wichtigste Voraussetzung zum Aufstieg in diesen engen Kreis dar.

Die Gründung von Räten wurde mit dem beginnenden 13. Jahrhundert zu einem allgemeinen Phänomen deutscher Städtegeschichte. Häufig entwickelten sich diese Gremien parallel oder im Gegensatz zu den stadtherrlichen Institutionen, von denen die wichtigste das so genannte Schöffenkollegium war.

Die Verwaltung hatte zunächst einzig dem **Stadtherren** (Graf oder Bischof) und seinen Vertretern unterstanden. Zu letzteren gehörten der **Vogt** und der Burggraf. Diesen wurden zum Teil bürgerliche **Schöffen** beigeordnet, die an der Urteilsfindung vor Gericht teilhatten. Da das im Auftrag des Feudalherren fungierende **Schöffenkollegium** Streitigkeiten aus allen Lebensbereichen zu schlichten hatte, wurde es zu einem der wichtigsten städtischen Entscheidungsgremien.

Im Gegensatz zum Schöffenkollegium war der **Stadtrat** eine reine Bürgerversammlung. Im 13. Jahrhundert handelte es sich dabei zumeist um einen Kreis von 12 oder 24 Personen, der sich jährlich durch **Kooptation** (Wahl durch die alten Mitglieder) erneuerte und an dessen Spitze ein **Bürgermeister** stand. Der Geschäftsbereich des Stadtrats wuchs mit den Privilegien, die er dem Feudalherren abringen konnte oder durch den König zugesprochen bekam. Er umfasste zunächst die Markt- und Gewerbeaufsicht, dehnte sich aber auf Gebiete wie Verteidigung und Mauerbau, Feuerschutz, Hygieneaufsicht, Bildungs-, Kranken- und Armenwesen aus.

Zur Durchführung all dieser Aufgaben bedurfte es finanzieller Mittel. Diese wurden zum einen Teil aus indirekten Steuern aufgebracht, mit denen zahlreiche Lebensmittel und Getränke wie Salz, Bier und Wein belegt waren, aber auch aus einigen direkten Steuern wie speziellen Abgaben für militärische Zwecke. Parallel zu der Ausweitung der Kompetenzbereiche des Rates bildete sich also auch die städtische Finanzhoheit aus.

Teilhabe an der Stadtherrschaft

Lag das Stadtregiment bis Ende des 13. Jahrhunderts nahezu ausschließlich in den Händen einiger weniger **Kaufmannsgeschlechter**, geriet es im 14. und 15. Jahrhundert immer mehr unter den Einfluss der **Handwerker**. Über lange Zeit hatten sich diese mit politischer Machtlosigkeit abfinden müssen. Erst, als die **Zünfte** zu mächtigen berufsständisch-genossenschaftlichen Organisationen herangewachsen waren, konnten sie ihren Forderungen nach politischer Mitwirkung Nachdruck verleihen. Im Bewusstsein gemeinsamer Stärke lehnten sie sich gegen die Vorherrschaft des Patriziats auf, bis schließlich einige angesehene Handwerksmeister Zulassung zum Rat erhielten. Wie vorher auch war Reichtum der Schlüssel zu politischer Macht – ein Prinzip, das erst in den **Gesellenunruhen** des 15. Jahrhunderts infrage gestellt wurde. Insgesamt lassen sich die Machtkämpfe innerhalb der Städte also in drei Phasen einteilen. Zunächst war es das Patriziat, das sich gegen den gräflichen oder bischöflichen Stadtherren auflehnte, dann waren es die Repräsentanten der Zünfte, die von dieser Aristokratie Mitbestimmung forderten und schließlich die Gesellen dieser Zünfte, die nun ihrerseits ihre politischen Rechte einklagen wollten.

Die Bewohner der Städte forderten im Laufe des Mittelalters Mitbestimmungsrechte bei der Stadtherrschaft. In diesem Holzschnitt von ca. 1500 leisten Städter ihren Bürgereid.

Die Einbindung der Stadt in die feudale Ordnung

Die Stadt als Ganzes unterstand ursprünglich der Verfügungsgewalt des Königs. Im 10. und 11. Jahrhundert gelang es aber den **örtlichen Lehnsmächten** einen direkteren Einfluss auf die Städte auszuüben als es dem räumlich entfernten Königtum möglich war. Mit der Ausbildung mächtiger Landesherrschaften im ausgehenden 12. Jahrhundert gewannen dann die **Territorialfürsten** die Oberhand über die kleineren Lehnsmächte und wurden zu den eigentlichen Stadtherren. Da sich die aufstrebenden Landesfürstentümer aber gleichzeitig in Konkurrenz zum Königtum und den nach Unabhängigkeit strebenden Städten befanden, ergab sich eine natürliche Allianz zwischen den Stadtregimentern und der Monarchie. Diese Annäherung fand häufig darin ihren Ausdruck, dass Städte **Reichsunmittelbarkeit** zugesprochen bekamen, also direkt dem König unterstellt wurden (wobei königliche Rechte dann später häufig auf den Rat übergingen). Dieses Risiko mussten aber wiederum die Landesfürsten auszuschalten versuchen, indem sie durch Zugeständnisse und Druck ihre Bindung an die Städte verstärkten und sich selbst zu den anerkannten obersten Stadtherren machten.

Im Gegeneinander dieser verschiedenen Kräfte erlangten die Städte im Verlauf des späteren Mittelalters einen vom Rang des Stadtherren unterschiedlichen verfassungsrechtlichen Status. Die einen wurden zu **Reichsstädten** und nahmen mit ihrer alleinigen Abhängigkeit vom König die oberste Ebene innerhalb der Städtehierarchie ein, andere wurden zu so genannten **Immediatstädten**, unterstanden also ohne Zwischeninstanzen einem Landesherren, wieder andere blieben unbedeutende, lediglich einem kleineren geistlichen oder weltlichen Stadtherren unterworfene **Mediatstädte** mit geringer politischer Ausstrahlung.

Keine Stadt verlor also vollends den Bezug zur Lehnsgesellschaft. Jede hatte trotz rechtlicher Sonderstellung und eigenständiger Institutionen ihren eigenen feudalen Stadtherren. Dieser konnte zugleich Beschützer oder Gegner sein. In Zeiten, in denen sein Schutz fehlte oder sich sein politisches Streben gegen die Stadt richtete, war diese gezwungen, ihre Geschicke selbst in die Hand zu nehmen. So kam es im 13. und 14. Jahrhundert zu **Städtebünden** verschiedener Bestimmung: in einigen ging es um Friedenssicherung, andere stellten Abwehrfronten gegen den Landesherren dar, dritte richteten sich gegen die Verpfändung der Städte durch den König. Solche Bünde symbolisieren auf eindrucksvolle Weise die Macht, die die Städte in dieser Zeit auch auf Reichsebene ausübten. Blieb ihre Stärke in wirtschaftlicher Hinsicht ungebrochen, verringerte sich aber ihr Einfluss auf die Landes- und Reichsgeschicke gegen Ende des Mittelalters zugunsten des neuzeitlichen Territorialstaats.

Glauben

Religion und Institution

Um den Zusammenhang zwischen Religion und der Institution Kirche zu verstehen, ist es wichtig, das Erbe der Antike zu betrachten: Zwei große Modelle standen sich hier gegenüber, das der **Apostel**- und das der **Kaiserkirche** – das eine horizontal-demokratisch, das andere vertikal-hierarchisch strukturiert.

Die Entwicklung innerhalb der katholischen Kirche vollzog sich im Laufe der Zeit in Richtung Hierarchisierung. War der römische Bischof zunächst nur einer unter vielen, auch wenn man ihm – aufgrund seiner **Nachfolge Petri** – besondere Autorität zugestand, wurde er später zu einem kaisergleichen Monarchen. War das Kirchendogma zunächst Angelegenheit der Konzilien, wurde es dann zur alleinigen Angelegenheit des Papstes.

Kirche und Gesellschaft

Der Aufstieg des Papsttums wurde von einer institutionellen Straffung der Kirche auf allen Ebenen begleitet. Erschien das Christentum noch in frühmittelalterlicher Zeit wie ein Bund von Bistümern und Provinzen, wurde Rom dann zum Sitz einer auf volle Jurisdiktionsgewalt und staatsähnliche Behörden gestützten zentralen Kirchenregierung.

Gleichzeitig wurde auch das gesamte christliche Europa mit einem immer feinmaschigeren Netz von Pfarrgemeinden überzogen, sodass der **Einheitsglaube** mehr und mehr Menschen erreichte. Von den Bischöfen über die Diakone bis hin zu den niederen Klerikern sorgte eine feste Weihe- und Ämterhierarchie dafür, dass der Gläubige religiös und sozial fest in die christliche Gemeinschaft integriert wurde. Taufe, kirchliche Heirat, persönliche Beichte bei einem Priester, österliche Kommunion und die Pflicht an der Sonntagsmesse teilzunehmen wurden durch die mittelalterliche Kirche eingeführt. Aus diesem Kanon von Regeln und religiösen Praktiken entwickelte sich die Möglichkeit der gesellschaftlichen Kontrolle und der sozialen Uniformisierung.

Da die Kirche sich nicht damit zufrieden gab, eine von vielen Kräften in einer pluralistischen Gesellschaft zu sein, sondern die Menschen in ihrer Totalität erfassen wollte, lief dieser Prozess nicht spannungsfrei ab. Ein von der Institution befreiter Glaube wurde nicht geduldet. Jedes religiöse Streben bedurfte kirchlicher Absegnung, musste sich in die Gesamtordnung der Kirche einfügen. Die Priester waren berufsmäßige Mittler zwischen Gott und den Menschen. Göttliches Heil konnte nur erlangen, wer ihre Fürbitte in Anspruch nahm. Allen apostolischen Bewegungen, die nach dem Vorbild der christlichen Urgemeinde einen unmittelbareren Bezug zu Gott suchten und sich nicht zu festen Orden formierten, legte man zur Last, die auf der gesellschaftlichen Gegenseitigkeit von Klerikern und Laien beruhende soziale Grundordnung infrage zu stellen – ein Vorwurf, der gleichbedeutend war mit einer Anklage wegen Ketzerei.

Rechtgläubigkeit und Ketzerei

Die Herausbildung des christlichen Dogmas

Im Gegensatz zu antiken Religionsformen, die niemals verbindliche Dogmen entwickelten, nahm das Christentum für sich in Anspruch, die einzig **wahre Lehre** zu verkünden. Das hatte zur Folge, dass man sich zunächst innerkirchlich über verbindliche Glaubensgrundsätze einigen musste.

Je mehr aber die Christen das Wesen ihrer Religion dogmatisch zu klären suchten, desto mehr verstrickten sie sich in innere Glaubenskämpfe. Um die gefährdete Einheit zu retten, berief man im 3. und 4. Jahrhundert **Konzilien** ein, die über die wichtigsten theologischen Fragen entscheiden sollten. Die Verlierer dieser Auseinandersetzungen wurden der **Häresie** beschuldigt. Häresie war ein Begriff, der im Hochmittelalter mit Ketzerei gleichgesetzt wurde, in der Antike aber eine andere Bedeutung hatte: die einer theologisch trennenden *Wahl*. Zum „Häretiker“ wurde, wer als Gläubiger zunächst das Christentum angenommen, sich dann aber aus eigenem Antrieb von der reinen Lehre entfernt hatte. Autoren des Frühmittelalters gingen in dieser Definition weiter. Nach ihnen verfiel der Häresie, wer in den theologischen Irrtum verfallen war und dort eigensinnig verharrte.

Häresie als Staatsangelegenheit

Mit der Einführung des Christentums als offizielle Religion des Römischen Reiches, dessen Klammer es werden sollte, wurde die Häresie zur Staatsangelegenheit. Wer die Autorität der katholischen Kirche missachtete, sollte fortan, da er die Einheit des Staates gefährdete, genauso verfolgt werden wie die Christen unter den Kaisern des 1. Jahrhunderts. Im Verlauf des gesamten Mittelalters lässt sich eine klare Tendenz hinsichtlich des Zusammenhangs zwischen Staats- oder Kirchengewalt einerseits und der Häresie andererseits feststellen. Je deutlicher sich institutionelle Macht offenbarte, desto größer auch die Wahrscheinlichkeit, dass Häresien entdeckt, verfolgt und abgeurteilt wurden.

Mit dem Fall des Weströmischen Reiches verschwand die Ketzerei zunächst aus dem lateinischen Abendland, um dann mit der Ausbildung des Lehnswesens wieder aufzutreten. Bis zur Mitte des 12. Jahrhunderts war das Problem der

Ketzerei eher zweitrangig, um dann aber zu einem der großen Themen der mittelalterlichen Theologie zu werden. Mit dem Ende des Investiturstreits hatte sich die Kirche zu einer die gesamte Gesellschaft umfassenden „Heilsanstalt“ mit absolutem Anspruch auf päpstlichen Gehorsam herausgebildet. Ungehorsam bedeutete fortan Ketzerei. Auch der staufische Staat mit seinen Bezügen auf das antike römische Kaiserrecht setzte Häresie einem **Majestätsverbrechen** gleich und gebrauchte sie als rechtliche Handhabe gegen rebellische Kräfte. Wie sehr sich beim Kampf gegen Ketzerei kirchliche und staatliche Interessen verschränkten, zeigte sich besonders in Frankreich bei dem **Kreuzzug gegen die Albigenser** im Languedoc und der Provence. Alle den (zum Teil adligen) Häretikern abgerungenen Gebiete wurden mit päpstlichem Segen katholischen Fürsten zugesprochen.

Die Inquisition

Mit der Einführung des **Inquisitionsprozesses** trat die Ketzerbekämpfung in eine neue Phase. Gehörte sie zunächst zum Aufgabengebiet der Bischöfe, die sich ihr nur mit Trägheit widmeten, riss das Papsttum sie in den späten 20er-Jahren des 12. Jahrhunderts an sich und machte sie zu einem seiner herausragendsten Machtinstrumente. Päpstliche Beauftragte hatten von nun an die Möglichkeit, Häresien selbst aufzuspüren und aburteilen zu lassen. Auch die weltliche Macht stellte sich in den Dienst dieser zentralisierten kirchlichen Verfahrensform.

Wurden die Ketzer des 12. Jahrhunderts vorwiegend aufgrund konkreter Abweichungen in theologischen Einzelfragen vor das Kirchengericht zitiert, ging es nun darum, Gehorsam in allen Lebensbereichen durchzusetzen. Dabei scheute man sich auch nicht davor, bei der Anklage auf abgegriffene Stereotype zurückzugreifen. Teufelsanbetung und ein ganzes Spektrum von Perversionen gehörten von nun an zu den wiederkehrenden Vorwürfen gegenüber Ketzern. Auch durfte seit der Schaffung von Inquisitionstribunalen (1252) Gewalt zur „Wahrheitsfindung“ beim Ketzerverhör eingesetzt werden.

Hexerei

Wurden **Hexerei** und Ketzerei noch im 12. Jahrhundert als getrennte Delikte angesehen, verschmolzen sie im 13. Jahrhundert zu einem Tatbestand. Als Hexe (oder Hexer) galten zunächst Zauber- oder Heilkundige, die jenseits der Naturgesetze mittels magischer Kulthandlungen und Verabreichungen Einfluss auf die psychische oder physische Welt nahmen. Insbesondere der Vorwurf des engen Verhältnisses von Hexen und Ketzern mit dem Teufel lieferte die theologische Grundlage zu ihrer juristischen Gleichstellung.

Zu größeren Hexenverfolgungen kam es schon im 14. Jahrhundert, besonders in Krisensituationen, wie zur Zeit der Großen Pest (1348). Die Suche nach Schuldigen innerhalb einer von Katastrophen bedrohten Gesellschaft war einer der Auslöser für dieses Phänomen. Systematisiert und als gottgefälliges Werk theologisch legitimiert aber wurde die Hexenjagd erst in der frühen Neuzeit.

Die weltlichen Mächte führen die Verbrennung des kahl geschorenen Ketzers aus, die Kirche gibt ihren Segen dazu. Nur durch den reinigenden Flammentod kann die Seele gerettet und in den Himmel aufgenommen werden.

Christen und Andersgläubige

Christen, Juden, Heiden – mit dieser Formel fassten mittelalterliche Autoren die Glaubensgemeinschaften der Welt zusammen, wobei sie unter dem Begriff „Heiden" in den meisten Fällen Mohammedaner (in der mittelalterlichen Terminologie: Sarazenen) verstanden.

Juden

Die Lage der **Juden** im Abendland war dadurch gekennzeichnet, dass sie als religiöse Minderheit verstreut inmitten einer durch den christlichen Glauben bestimmten Umgebung lebten. Das Judentum hatte im frühen römischen Kaiserreich zunächst eine bessere Stellung als das Christentum. Als letzteres aber im 4. Jahrhundert Staatsreligion wurde und die römische Gesetzgebung beeinflusste, mussten die Juden immer mehr Beschränkungen hinnehmen.

Süßkind von Trimberg – mit spitzen Hut – ist der einzige bekannte jüdische Minnesänger. Er lebte im 13. Jh.

Was das Verhältnis zwischen Christen und Juden im Mittelalter betrifft, kann man **drei Phasen** unterscheiden: eine erste, die etwa bis zum Ende des 11. Jahrhunderts reichte, in der Juden und Christen in gutnachbarlichen Beziehungen lebten, eine zweite, die sich bis zur Mitte des 14. Jahrhunderts hinzog, in der die Juden politisch wie ideologisch zu Knechten von Staat und Kirche erniedrigt sowie punktuell verfolgt wurden, und schließlich dann eine dritte, die etwa mit der Großen Pest von 1348 begann, in der sich der theologische **Antijudaismus** auch im einfachen Volk ausbreitete und in einen weit verbreiteten **Antisemitismus** mündete.

Mohammedaner

Die **arabischen Eroberungszüge** des 8. sowie die **Kreuzzüge** des 12. Jahrhunderts haben das Verhältnis zwischen Christentum und Islam bestimmt: Zwischen beiden Kulturkreisen herrschte über weite Teile des Mittelalters eine kriegerische Grundstimmung. Darüber hinaus zeichnete sich das Verhältnis zwischen Christen und Mohammedanern durch eine gegenseitige Unkenntnis der Kultur des anderen aus. Die Kreuzzüge blieben, was einen geistigen Austausch beider Zivilisationen angeht, erfolglose Unternehmungen. Nur in den südlichen Staaten der Christenheit, insbesondere in **Sizilien und Spanien** waren die Kontakte zwischen Christen und Muslimen intensiver. Dass ein wenig der reichen arabischen Kultur bis ins Abendland durchgedrungen ist, bleibt der Verdienst einer kleinen Schicht von geistlichen Intellektuellen, die entweder den Willen hatten, die großen Werke der fremden Zivilisation zu widerlegen oder sie in ihr eigenes Denksystem einzubinden.

Bildung

Mündlichkeit und Schriftlichkeit

Die abendländische Bildung war maßgeblich bestimmt durch die spätantik-römische **Schriftkultur** sowie durch Einflüsse germanischer **mündlicher Überlieferung**. Die Schrift war bis zum 12. Jahrhundert nur der kleinen Schicht der Kleriker zugänglich. Über 90 Prozent der mittelalterlichen Menschen waren nach heutigen Schätzungen **Analphabeten**. Der Mangel an Lese- und Schreibkenntnissen wurde jedoch nicht unbedingt als gesellschaftlicher Makel empfunden. Einerseits schloss er einen hohen Grad an wissenschaftlicher, literarischer oder musikalischer Kenntnis nicht aus, andererseits waren die Schreib- und Lesekunst zu sehr an den Stand des Klerikers gebunden, als dass sie ein Ideal für den hohen Laienadel darstellen konnten. Schriftkundigkeit bedeutete jedoch Macht. Da Kloster- und Kirchenmänner zunächst alleinige Repräsentanten des Schrifttums, viele Herrscher dagegen Analphabeten waren, wurde die **Geistlichkeit häufig zu Staatsdiensten** herangezogen.

Nahezu alles, was wir über das frühere Mittelalter wissen, stammt aus der Feder von Geistlichen. Was wir in ihren Schriften lesen, ist grundsätzlich kirchlich geprägt. Erst nach dem 12. Jahrhundert wurde das Schreiben auch zu einer Angelegenheit der Laien und damit auch der Frauen. Die Gründe sind unter anderem das gesteigerte Selbstbewusstsein des Bürgertums, der Aufstieg der Städte und der Aufschwung des Handels. Aber auch die Einführung des **Papiers**, das wesentlich billiger als **Pergament** war und die Erfindung und Verbreitung des **Buchdrucks** mit beweglichen Lettern spielten eine Rolle bei der Demokratisierung des Schrifttums.

Kulturträger und Kulturformen

Klöster waren im Frühmittelalter Mittelpunkt aller Gelehrsamkeit. In ihren **Schreibstuben** wurden antike Werke kopiert und interpretiert, neue Handschriften erstellt und aufwändig bebildert. Karl der Große förderte als erster mittelalterlicher Herrscher den mönchischen Schreibeifer im großen Stil. Sein Hof wurde zum Ausgangspunkt einer großen Bildungserneuerung. Während seiner Regierung stiegen überall in Europa die Bücherbestände stark an und es entwickelte sich ein neues Geistesleben. Der Verfall des fränkischen Großreiches im 9. Jahrhundert hatte eine Verarmung in Bildung und Kunst zur Folge.

Politische Stärke und kultureller Reichtum gingen zumeist einher. So ist es nicht verwunderlich, dass der Aufstieg des Reichs Ottos des Großen auch eine Bildungsrenaissance und einen Aufschwung des geistigen Lebens bewirkte. Wie sich die gesamte Politik des Sachsenherrschers auf Klöster und Kirchen stützte, wurden letztere auch zu Trägern einer neuen Kulturblüte. Insbesondere den **Domschulen** fiel dabei eine bedeutende Rolle zu.

In dem Maß wie die staatliche Macht in niedrigere politische Ebenen vordrang, fanden Kultur und Bildung zunehmend Interesse und Rückhalt beim **Adel** und schließlich auch im städtischen **Bürgertum**. Diese Entwicklung ging mit einer Differenzierung des Geisteslebens einher. Nicht mehr nur das Ideal der christlichen Einheit von Religion und Staat determinierte jetzt den abendländischen Kulturbegriff, sondern auch dem Laien nahe stehende weltliche Themen. In der seit dem 12. Jahrhundert aufblühenden volkssprachlichen Troubadourlyrik und Minnedichtung kommt diese Neuorientierung wohl am besten zum Ausdruck.

Schule und Universität

Die Universität ist eine der großen Errungenschaften des Mittelalters. Ihre Anfänge gehen etwa auf das Jahr 1200 zurück, wobei zu berücksichtigen ist, dass sie, obwohl sie keine direkten Vorläufer kennt, einer langen schulischen Tradition verpflichtet ist.

Kirchlicher und klösterlicher Unterricht

Das antike, öffentliche Schulsystem existierte schon seit dem 6. Jahrhundert nicht mehr. An seiner Stelle hatte sich sehr langsam ein Netz von kirchlichen oder **monastischen Schulen** entwickelt, die der Leitung von Bischöfen oder Äbten unterstanden. Die Zahl der dort Lernenden blieb äußerst gering, das Bildungsniveau häufig niedrig. Aber so unbedeutend die Wirkung dieser Schulen auch war, die Kirche verfügte mit ihnen über das Bildungsmonopol und bestimmte die Lerninhalte. Auf der Grundlage antiker Erziehungslehren bildeten die so genannten **sieben freien Künste**, insbesondere deren untere Stufe, das **Trivium** (Grammatik, Rhetorik und Dialektik), den Grundstock des Unterrichts. Auf ihnen baute dann das **Quadrivium** (Arithmetik, Geometrie, Musik und Astronomie) auf. Wer nicht zumindest eine Einführung in die „redenden Künste" (das Trivium) erhalten hatte, sollte die Heilige Schrift nicht kommentieren dürfen und galt als Analphabet. Technische oder wirtschaftliche Fächer waren in kirchlichen und monastischen Schulen verpönt.

Die Entstehung der Universitäten

Die große Wende im mittelalterlichen Schulsystem bahnte sich zu Beginn des 12. Jahrhunderts an. In einem Kontext allgemeinen sozialen und wirtschaftlichen Wandels entstanden meist in Städten neue kirchliche Bildungszentren und verdrängten die ländlichen Klöster aus ihrer herausragenden Stellung. Nicht nur Kleriker, Mönche oder Adlige, sondern alle, die die notwendigen Mittel besaßen, konnten jetzt Bildung „erwerben".

Auch die Bildungsinhalte veränderten und erweiterten sich. Das alte Lehrschema, in dem die freien Künste im Mittelpunkt standen, wurde beibehalten, jedoch in Richtung aristotelischer Logik und Dialektik entwickelt. Dies bot neue wissenschaftliche Möglichkeiten, besonders in der Theologie, dem wichtigsten Fach mittelalterlicher Schulen. Mit dem Erfolg vieler herausragender Lehrer und dem steigenden Interesse an den neuen Disziplinen wie **Recht** und **Medizin** ging die Einheitlichkeit der Studiengänge und -abschlüsse verloren. Eine Neustrukturierung des gesamten Schulwesens wurde deshalb sowohl von öffentlicher Seite als auch von Lehrern und Studenten gefordert. Da diese Reform im Rahmen des alten Schulsystems unmöglich schien, ging man einen völlig neuen Weg, der sich an der genossenschaftlichen Organisation der Handwerksberufe orientierte und zur Gründung von Universitäten führte. Wegweisend waren die bedeutenden Universitäten von Paris und Bologna.

Gegenüber Frankreich und Italien setzen sich universitäre Bildungseinrichtungen in den deutschen Reichsgebieten relativ spät durch. Zum einen gelang es den Prälaten der mächtigen Bischofssitze hier noch lange, die traditionellen Kathedralschulen vor der Konkurrenz des allgemeinen Hochschulstudiums zu schützen, andererseits bestand auch bei den Fürsten kein politisches Interesse, das Schulsystem gegen den Willen der Bischöfe umzuorganisieren. So entstand die erste Universität des Reiches nördlich der Alpen erst **1348 in Prag**.

Geringe Studentenzahlen kennzeichnen unter anderem den Universitätsbetrieb des Mittelalters. Der Holzschnitt stammt von 1502, das rechte Bild zeigt eine Vorlesung in Salamanca, wohl über Mineralogie, um 1280.

Chronologischer Überblick

Kaisergenealogie aus dem 13. Jh.: Im doppelt umrandeten Kreis Heinrich I. und seine Frau Mathilde.

Vom Imperium Romanum zum Reich Karls des Großen

Das weströmische Reich und seine germanischen Nachfolgestaaten

Die Germanen sind eine durch sprachliche Gemeinsamkeit definierte Völkergruppe. Ihr Name wurde zunächst auf verschiedene Stämme der Rheingegend angewandt, später, besonders durch Caesar, auf alle Bewohner der nicht romanisierten Gebiete im Nordosten Europas. Für die Römer gehörten die Germanen zu den Barbarenvölkern.

Das Zusammentreffen der germanischen und römischen Zivilisation ist ein komplexes historisches Phänomen, das einerseits durch friedliche Annäherung, andererseits durch kriegerische Auseinandersetzungen bestimmt war. Erste, zum Teil auch gewaltsame Kontakte zwischen Römern und Germanen fanden schon in vorchristlicher Zeit statt (zum Beispiel im Rahmen des Einfalls der Kimbern und Teutonen nach Gallien und Italien von 113–101 v. Chr.), die massive Eingliederung germanischer Bevölkerung in das römische Reich begann jedoch erst wirklich im dritten Jahrhundert nach Christus.

Die Völkerwanderung

Mit dem großen **Hunnensturm** brach das römische Verteidigungssystem in sich zusammen. Durch ihn wurde eine Völkerwanderungsbewegung ausgelöst, die sich als Kettenreaktion bis ins innerste des römischen Reiches fortsetzte. Nach einer Phase regelrechter **Invasionen**, die in der Plünderung Roms durch die Vandalen ihren Höhepunkt fand, suchten die Römer die Lage zu stabilisieren, indem sie die eingefallenen Völkerschaften als **Bundesgenossen** innerhalb des Imperiums ansiedelten. Dies war der Ausgangspunkt für die **Etablierung selbstständiger Germanenreiche** auf römischem Gebiet. Zu solchen Gründungen gehörten das Reich der Westgoten in Südgallien und später das Reich der Ostgoten auf der iberischen Halbinsel, das Reich der Langobarden in Italien, das Burgunderreich im Rhonegebiet, das Wandalenreich in Nordafrika und auch das Reich der **Merowinger** in Nordgallien.

Merowinger und Karolinger

Die Bildung des merowingischen Großreichs

Die Merowinger waren zunächst den römischen Heermeistern untergeordnete föderierte Kleinkönige, die als Kommandanten von Reichstruppen gegen andere Barbarenstämme antraten. In dieser Rolle kämpfte Childerich, der Vater des großen Merowingers **Chlodwig** (481–511), unter dem Befehl römischer Generäle gegen die Westgoten. Auf seinem Siegelring ließ er sich als langhaariger Germane in römischem Generalskostüm darstellen. Der Weg zu einer immer größeren Verselbstständigung der einzelnen Machthaber innerhalb des Imperiums lässt sich schon daraus ablesen, dass diese untereinander Kriege führten. Im Rahmen dieser Auseinandersetzungen gelang es Chlodwig, große Teile Nordgalliens zu gewinnen. Damit war der Weg für weitere Eroberungen frei, die Schritt für Schritt zur Gründung eines **merowingischen Großreiches** führten, das sich in der Mitte des 6. Jahrhunderts von den Pyrenäen bis über die Weser, von der Nordsee bis nahe ans Mittelmeer erstreckte. Bei dieser rapiden Expansion machten sich die Merowinger die Reste der römischen Heeresorganisation sowie des bestehenden Verwaltungs- und Steuerwesens zunutze und profitierten auch von der politischen Unterstützung der verbliebenen römischen senatorialen Oberschicht.

Von zentraler Bedeutung war Chlodwigs **Übertritt zum katholischen Christentum** im Jahr 500. Die meisten Germanenvölker bekannten sich zum Arianismus, einer Variante des Christentums, nach der Christus nicht als wesensgleich mit Gott, sondern nur als dessen edelstes Geschöpf betrachtet wurde. Der Übertritt Chlodwigs zum katholischen Christentum ermöglichte die vorher undenkbare religiöse Annäherung der romanischen und germanischen Bevölkerung.

Die rechtsrheinischen Stammesherzogtümer und die Bildung von Teilreichen

Das Zentrum des merowingischen Großreichs lag in Nordgallien. Die Sicherung des königlichen Einflusses war besonders in den rechtsrheinischen äußeren Gebieten problematisch. Den hier ansässigen Völkergruppen – Alemannen, Franken, Thüringern, Sachsen, Bayern – gestanden die Merowingerkönige zwar eigenes Stammesrecht zu, kontrollierten sie aber durch von ihnen eingesetzte oder zumindest abhängige Herzöge. Es zeigte sich jedoch, dass das Amtsverhältnis zwischen König und Herzog oft schwächer war als die Bindung der Herzöge an ihren Stamm. Besonders in Zeiten der Schwäche des Königtums hatten es die Herzöge leicht, sich zu unabhängigen Stammesführern zu machen und sich dem merowingischen Einfluss weitgehend zu entziehen.

Im Merowingerreich herrschte Erbteilung, das heißt, alle Söhne erhielten beim Tod des Vaters innerhalb des vorherigen Gesamtreiches ihren festen Teil. Im Verlauf des 6. Jahrhunderts bildeten sich infolge sukzessiver Erbteilungen drei voneinander immer unabhängigere merowingische Teilreiche heraus: im Westen **Neustrien**, im Osten **Austrasien** und im Süden **Burgund**. Ihre Geschichte ist von brutalen Machtkämpfen und Brüderfehden gekennzeichnet, die zum Teil ins Nibelungenlied eingegangen sind.

Die Karolinger als Hausmeier

Der **Hausmeier** war ursprünglich nichts anderes als ein Verwalter des Königguts, erschien aber in Schwächephasen des Königtums an der Spitze der königlichen Gefolgschaft. Im östlichen Merowingerreich hatte das Geschlecht der Pippiniden (später als Familie der Karolinger bezeichnet) seit etwa Mitte des 7. Jahrhunderts die Funktion des Hausmeiers inne. Unter ihnen wurde dieser wichtige Posten erblich. Als sich in der **Schlacht bei Tertry** im Jahr 687 der neustrische und austrasische Hausmeier gegenüberstanden, konnte sich der Karolinger **Pippin der Mittlere** (679–714) die Herrschaft über das gesamte merowingische Reich sichern. Bis zu ihrem Staatsstreich im Jahr 751 regierten die Karolinger faktisch anstelle der kaum noch in Erscheinung tretenden Nachfahren Merowechs. Um die wegen der königlichen Schwäche nach Selbstständigkeit strebenden Stämme an das Frankenreich zu binden, musste **Karl Martell** (714–741), der Sohn Pippins des Mittleren, die Macht seiner Dynastie in harten Kämpfen immer wieder unter Beweis stellen. Nacheinander zog er gegen die Burgunder, Aquitanier, Alemannen und Bayern ins Feld und erneuerte schließlich das Reich der Söhne Chlodwigs unter karolingischer Führung.

Die arabische Eroberung

Zum allgemeinen Kontext der Bildung dieses abendländischen Einheitsreichs gehörte auch die arabische Welteroberung. Um 700 hatten die Araber, deren Religion zu dieser Zeit erst ungefähr 80 Jahre alt war, schon große Teile Kleinasiens und die gesamte Südküste des Mittelmeers erobert. Ihre Kräfte waren nun frei für eine Erweiterung des Machtbereichs nach Europa. 711 fiel das spanische Westgotenreich, Anfang der 30er-Jahre des 8. Jahrhunderts wurde zum ersten Mal das Frankenreich direkt bedroht. Bei **Poitiers** trat Karl Martell diesem Vormarsch 732 entgegen und siegte über einen durch innere Auseinandersetzungen ohnehin schon geschwächten Gegner. Sein Erfolg war eher symbolischer als militärischer Natur. Dennoch wurde die arabische Eroberung Europas in Richtung Osten mit diesem Sieg definitiv gestoppt.

Der Aufstieg der Karolinger zur Königsmacht

Die Karolinger waren unter Karl Martell und seinen Söhnen zu den mächtigsten Herrschern des christlichen Abendlandes aufgestiegen. Was ihnen allerdings fehlte, war die königliche Würde. Nach wie vor waren sie nichts anderes als die Hausmeier der Merowinger. Um aber das alte Königtum endgültig zu beseitigen, bedurften sie einer besonderen Weihe. Diese konnte ihnen allein das Papsttum als höchste geistliche Autorität spenden.

Die Voraussetzungen für eine Annäherung der karolingischen Herrscher an den Heiligen Stuhl waren seit den 30er-Jahren des 8. Jahrhunderts günstig. Das Papsttum war in der theologischen Frage der Bilderverehrung in ein schweres Zerwürfnis mit den Kaisern von Byzanz geraten. Die Kaiser hatten die Bilderverehrung gegen den Willen des Papsttums verboten und damit in ihrem Reich einen Bildersturm (**Ikonoklasmus**) ausgelöst. Das oströmische Kaisertum – die eigentliche Schutzmacht des Papsttums – war somit zu einem mächtigen Gegner Roms geworden. Den Lombardenkönigen, welche sich das **Patrimonium Petri** (den späteren Kirchenstaat) gern einverleibt hätten, kam die politische Bedrängnis ihres päpstlichen Nachbarn gelegen. Sie traten deshalb in eine Allianz mit den Byzantinern.

Das sowohl im Norden als auch im Osten stark unter Druck gesetzte Papsttum brauchte also politische Unterstützung. Diese konnte es nur bei den Karolingern finden: Die Karolinger sollten gegenüber den Feinden des Papsttums als Schutzherren auftreten und bekamen im Gegenzug die königliche Weihe.

Mit dieser Rückendeckung des Papsttums ließ der amtierende Hausmeier **Pippin der Jüngere** (741–768) 751 den regierenden Merowingerkönig absetzen, ins Kloster verbannen und sich von den fränkischen Großen zum König wählen. Wenige Jahre darauf salbte ihn der Papst und verlieh damit der Karolingersippe jene **Weihe**, die in den Augen der Mitwelt erst die wahre **Legitimität** der Königsherrschaft begründete. Pippin, der nun als erster den Titel „**König von Gottes Gnaden**" führte, verpflichtete sich kurze Zeit später im Gegenzug zum Schutz und zur Wiederherstellung aller vom Papst beanspruchten Rechte in Italien und erhielt dafür das erbliche **Protektorat** über das päpstliche Herrschaftsgebiet. Dieser Schutzauftrag bildete, da er das enge Verhältnis zwischen Karolingern und Päpsten institutionalisierte, die Grundlage für die spätere Neugründung des abendländischen Kaisertums durch den Sohn Pippins, Karl den Großen.

Karl der Große und Europa

Karl der Große (768–814)

Karl setzte das Werk seiner Vorgänger in vielerlei Hinsicht fort. Sowohl bei der Expansion als auch bei der inneren Konsolidierung des Frankenreiches gelangen ihm wichtige Erweiterungen der karolingischen Macht. Von den großen Expansionsunternehmungen, die alle vor seiner Erhebung zum Kaiser begannen, waren vier besonders folgenreich: Die **Sachsenkriege** (772 – 804) führten zur Unterwerfung und Christianisierung der sächsischen Stammesgruppe, der Kampf gegen die **Langobarden** nach einem päpstlichen Hilferuf 774 brachte Karl die **Eiserne Krone** der Langobardenkönige und steigenden Einfluss in Norditalien. Die **Unterwerfung Tassilos von Bayern**, der 788 in einem Schauprozess entmachtet wurde, hatte die Eingliederung des bayerischen Herzogtums ins Frankenreich zur Folge. Die Vernichtung der **Awaren** (795–796) schließlich mündete in eine komplette politische Neuordnung des slawischen Raumes.

Die römische Tradition wirkt auch in den Münzen fort: Augustus, Karl der Große, Kaiser Friedrich II. von Hohenstaufen.

Neben der deutlichen äußeren Machtentfaltung zeichnet sich die Herrschaft Karls des Großen durch die Festigung der politischen Strukturen innerhalb des Frankenreiches aus. Zentrum der karolingischen Herrschaft war der von Pfalz zu Pfalz ziehende **Königshof** mit seiner festen Hofbeamtenschaft. An deren Spitze befanden sich in ministergleicher Position die Inhaber der **Erzämter**: der Seneschall (oder Truchsess) – er leitete die Verwaltung auf dem Krongut, der Mundschenk – er betreute die Weinkeller und Weinberge, der Marschall – er führte das militärische Kommando, der Kämmerer – er sorgte für die wirtschaftliche Ausstattung des königlichen Hofes sowie der Pfalzgraf, dessen Aufgabe es war, wichtige Rechtsstreitigkeiten zu schlichten. Daneben gehörten auch zahlreiche Geistliche zum Königshof, die als Angehörige der **Hofkapelle** neben gottesdienstlichen Aufgaben umfangreiche Kanzleiarbeit leisteten. Sie verfassten alle wichtigen Urkunden und Verordnungen des Königs.

Neben diese zentrale Hofverwaltung trat eine **zentralistische Reichsverwaltung**. Die direkten Vertreter des Königs im Karolingerreich waren nicht mehr, wie bei den Merowingern, die Herzöge. Die Erfahrung hatte gezeigt, dass die Deckungsgleichheit der herzoglichen Amtsgebiete mit den Stammesgebieten zu Machteinbußen infolge ungewünschter Annäherung zwischen Herzog und Stamm geführt hatte. Deshalb gliederte man das Reich in kleinere Einheiten, in denen **Grafen** die wichtigsten Repräsentanten königlicher Macht waren. Ihnen oblag es, den Heerbann aufzubieten, die Aufsicht über das Königsgut in der Grafschaft zu führen und vor allem anstelle des Königs die richterliche Gewalt auszuüben. Kontrolliert wurden die Provinzen durch **Königsboten** (*missi dominici*), die als geistliche und weltliche Inspekteure mit königlicher Vollmacht in die Angelegenheiten der Grafschaften eingreifen konnten.

Ein wichtiges Werkzeug zur politischen **Zentralisierung** des riesigen Karolingerreiches war die **Kirche**. Karl der Große machte sich zu ihrem Verteidiger, erhob aber auch den Anspruch auf oberste Leitung. Er entschied selbstständig über den Ausbau von Kirchenprovinzen und die Einsetzung von Bischöfen und Reichsäbten. Er ließ ein umfangreiches Reformprogramm entwickeln und griff in die Kirchengesetzgebung ein. Dabei beschränkten sich seine Ambitionen nicht nur auf die Reichskirche, sondern dehnten sich auch auf die Universalkirche aus. Ganz wie die oströmischen Kaiser forderte Karl unbedingten Vorrang gegenüber dem Papsttum.

Die Kaiserkrönung und ihre Folgen

Die Frage nach dem Rangverhältnis der drei bedeutendsten Mächte – des Königs der Franken, des Papstes und des byzantinischen **Basileus** – stellte sich natürlich in besonderem Maße seit der Kaiserkrönung Karls des Großen im Jahr 800. Mit ihr wurde der Karolinger zum römischen Imperator und damit wie der Kaiser von Konstantinopel zum Herrscher über das römische Weltreich. Eine gegenseitige Anerkennung der beiden Souveräne konnte es nicht geben, da der Kaisertitel prinzipiell unteilbar war. Aber auch dem Papsttum gegenüber musste der fränkische Herrscher seine Position definieren. Jahrhundertelang hatten die römischen Bischöfe den Anspruch der byzantinischen Kaiser auf Lenkung der inneren Kirchendinge bekämpft und sich, weil sie dennoch immer wieder in deren Vormundschaft geraten waren, zuletzt vom oströmischen Reich abgewandt. Die theokratischen Forderungen Karls und seiner Hoftheologen, die in vielerlei Hinsicht mit denen der byzantinischen Herrscher vergleichbar waren, konnten deshalb nur zu äußerstem Misstrauen seitens der Päpste führen. Eine letzte Schwierigkeit beim Aufstieg Karls des Großen zum Kaiser ergab sich noch daraus, dass der Kaisertitel an die

Akklamation durch das römische Volk gebunden war. Karl hatte seine Erfolge jedoch den Franken zu verdanken. Sich zum Kaiser der Römer krönen zu lassen, konnte also als Verrat am eigenen Volk aufgefasst werden.

Gerade die besondere Ausgangssituation, aus der heraus der Franke einen Kompromiss zu entwickeln hatte, war aber vielleicht die Grundlage für den Erfolg des karolingischen Modells. Nur die Abgrenzung vom byzantinischen Kaisertum, die Suche nach einer politischen Synthese aus Germanen- und Römertum und schließlich die Annahme des Prinzips der gegenseitigen Abhängigkeit von geistlicher und weltlicher Gewalt gaben diesem Modell die nötige Eigenständigkeit, die es zu einem solch andauernden Faktor in der abendländischen Politik machte.

Karl der Große – „Vater Europas"

Erst als im 7. und 8. Jahrhundert die muslimischen Eroberungen der römischen und damit auch der christlichen Einheit um das Mittelmeer ein Ende gesetzt hatten, konnte sich zwischen den Fronten der arabischen und byzantinischen Kultur ein eigenständiges abendländisches Einheitsreich entwickeln, welches nicht, wie das Römische Reich, Teile Afrikas und Asiens einschloss. Gerade deshalb wurde es von zeitgenössischen Autoren als deckungsgleich mit Europa angesehen. Niemals im gesamten Mittelalter wurde der Begriff Europa so häufig gebraucht wie in karolingischer Zeit. Auch der Terminus „Europäer" geht auf diese Epoche zurück und ist Ausdruck eines neuen Gemeinschaftsgefühls. Pippin, der Vater Karls des Großen, so sagte man, sei von Gott erwählt, „dem Reich Europas" vorzustehen, Karl selbst betitelte man als „König und Vater Europas", sein Reich schließlich als „Europa oder Reich Karls".

Aber Karl der Große war nicht nur für seine Zeit ein Herrscher europäischer Dimension, sondern wurde besonders in späteren Epochen zu einer politischen Leitfigur für das gesamte christliche Abendland. Schon früh wurden die Legenden, die sich um seine Existenz rankten literarisch, heiligengeschichtlich oder mythologisch verarbeitet. Texte, Bilder, Lieder, Sprichwörter, Berichte über Wunder um ihn vermehrten sich in vielen Ländern und machten ihn zum christlichen Herrscher schlechthin. Wurde seine 1165 von einem Gegenpapst durchgeführte Heiligsprechung auch von der katholischen Kirche nicht anerkannt, so entfaltete sich der Karlskult von Aachen ausgehend doch in ganz Deutschland und Frankreich. Im gesamten Abendland fälschten königliche Dynastien ihre Genealogien, um ihre Abstammung von den Karolingern nachzuweisen und in vielen Teilen Europas wurde der Name Karls zu einem der beliebtesten Taufnamen überhaupt.

Die Karolinger

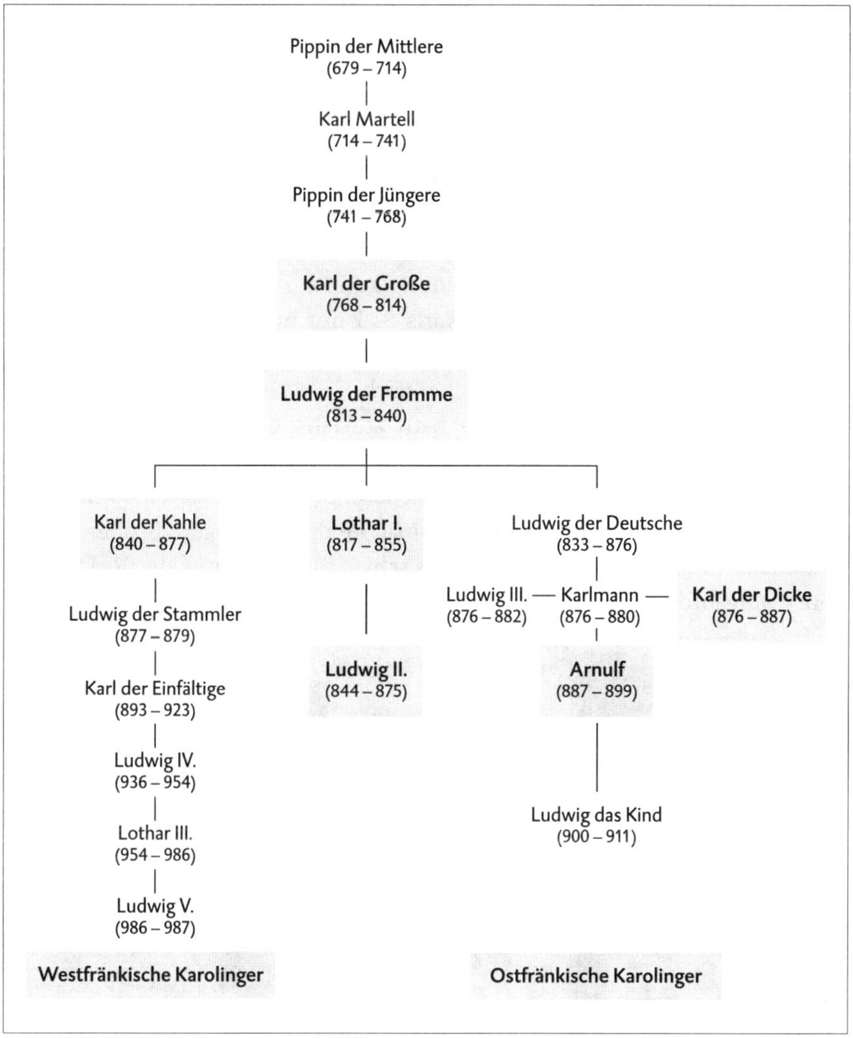

Die Entstehung des deutschen Kaiserreichs

Der Zerfall des Karolingerreichs

Das Reich Karls des Großen war als christliches Einheitsreich konzipiert. Vor dem Tod des Kaisers stellte sich die wichtige Frage, ob es als solches erhalten bleiben oder nach fränkisch-germanischer Tradition unter seinen Söhnen aufgeteilt werden sollte. Diese Entscheidung konnte zunächst offen bleiben, da von allen legitimen Nachkommen Karls 813 nur noch einer lebte – Ludwig, später genannt „der Fromme". Er wurde 813 zum Mitkaiser erhoben und folgte Karl im Jahr 814 als alleiniger Herrscher nach.

Ludwig der Fromme (813–840) hatte zunächst drei Söhne: **Lothar**, **Ludwig den Deutschen** und **Pippin** († 838). In einer detaillierten Nachfolgeregelung – der *Ordinatio imperii* von 817 – sicherte er seinem ältesten Sohn Lothar schon zu Lebzeiten das Imperium und machte dessen jüngere Brüder zu Unterkönigen innerhalb des Ganzen. Alles schien also im Sinne der **Reichseinheit** wohlgeordnet – bis die zweite Frau Ludwigs des Frommen, **Judith**, dem

In der Darstellung aus späterer Zeit demonstriert Karl bei der Erhebung seines Sohnes zum Mitkaiser sein Verständnis vom Kaisertum: Er setzt Ludwig die Krone selbst auf, der Papst war an der Zeremonie nicht beteiligt. Zeitgenössische Quellen, wie die Miniatur aus dem 9. Jh., stellen Ludwig als Herrscher dar, der auf bischöflichen und fürstlichen Rat hört.

Kaiser einen vierten Sohn, **Karl den Kahlen**, gebar und auch für diesen einen Anteil am Reich forderte. Ludwig lenkte ein, revidierte seine Erklärung von 817 und schuf auch für den Spätgeborenen einen Platz innerhalb des Imperiums. Damit war der Weg offen, die von ihm getroffene Nachfolgeregelung grundsätzlich infrage zu stellen und auf das traditionelle **Teilungsprinzip** zurückzukommen. Im Jahr 830 erhoben sich die erstgeborenen Söhne gegen den Vater und zwangen ihn, da sie eine Teilung durch vier nicht hinnehmen wollten, zur Abdankung. Lothar I., sein ältester Nachkomme, wurde Kaiser.

Die Streitigkeiten um Reichseinheit und -teilung dauerten über den Tod Ludwigs des Frommen an. Der unter seinen Söhnen im Jahr 843 geschlossene **Vertrag von Verdun** kam schließlich auf das Prinzip der Reichsteilung zurück. In ihm wurde Lothar I. zwar als Kaiser anerkannt, aber nur innerhalb der ihm zugesprochenen Gebiete, die sich von der Nordsee bis Italien, von der Maas bis an den Rhein erstreckten. Es handelte sich also um einen relativ schmalen Korridor, der die Teilreiche seiner verbleibenden Brüder, das Karls des Kahlen im Westen und das Ludwigs des Deutschen im Osten, voneinander abtrennte.

Die Teilung des kaiserlichen Teilreiches

Eine weitere entscheidende Etappe der Auflösung des Karolingerreiches begann mit dem Tod Lothars I. 855. Lothar hatte bis dahin als Kaiser gegenüber seinen Brüdern immer wieder das Prinzip der Unteilbarkeit des Imperiums vertreten. Nun war er selbst es, der seinen Herrschaftsbereich ganz nach alter fränkischer Tradition zugunsten seiner drei Söhne in einzelne Stücke zerriss. Dabei erhielt sein Erstgeborener, **Ludwig II.**, Italien und den Kaisertitel, **Lothar II.** das später nach ihm benannte Lothringen mit Aachen im Mittelpunkt und sein jüngster Sohn **Karl** die Provence und einen Teil Burgunds.

Der wichtigste Aspekt dieser Nachfolgeregelung ist die **Abtrennung des ehemaligen Zentrums** des Karolingerreiches vom Kaisertum. Das Kaiserreich hatte sich durch die Entscheidung Lothars I. nach Süden verlagert, während der wichtigste Ort gemeinsamen karolingischen Andenkens, **Aachen**, nun außerhalb des Imperiums lag. Der Kaiser war jetzt nur noch Souverän über ein relativ kleines Reich, Italien, und musste den universalen römischen Reichsgedanken endgültig aufgeben. Das Reich Lothars I. wurde durch diese Zersplitterung insgesamt geschwächt, während sich in den Territorien Karls des Kahlen und Ludwigs des Deutschen **neue Machtzentren** bildeten.

Die Auflösung des Gesamtreiches

Da die Söhne Lothars I. früher starben als die Könige des Ost- und Westfränkischen Reiches, löste sich das Mittelreich schließlich auf und ging in die Herrschaftsbereiche Karls des Kahlen und Ludwigs des Deutschen ein. Danach kam es aufgrund zahlreicher Todesfälle zwar noch einmal zur Zusammenfassung des gesamten karolingischen Imperiums unter dem ostfränkischen **Karl dem Dicken** (876–887), diese Erneuerung der Einheit lief jedoch den politischen Zielsetzungen einer immer stärkeren Reichsaristokratie zuwider. Der Kaiser wurde deshalb schlicht abgesetzt.

Überall erhoben sich nun neue Mächte: In **Ostfranken** riss **Arnulf** (887–899), ein illegitimer Enkel Ludwigs des Deutschen, die Macht an sich, im **Westfrankenreich Odo von Paris** (888–898) aus der Familie der Robertiner (der späteren Kapetinger). In **Burgund** ließ sich **Rudolf** aus der Dynastie der Welfen zum König krönen – ein Schritt, den **Boso von Vienne** in der **Provence** schon knapp zehn Jahre zuvor vollzogen hatte. In **Italien** schließlich kämpften zwei Thronanwärter um die Macht: **Berengar von Friaul** und **Wido von Spoleto**, wobei letzterer als König hervorging. Als einer der männlichen (wenn auch illegitimen) Nachkommen Karls des Großen war der Ostfranke Arnulf in der Lage, alle anderen neu emporgestiegenen Fürsten lehnsähnlich an sich zu binden, auch wenn seine tatsächliche Macht dadurch nicht unmittelbar gesteigert wurde. Aus seiner durch Familienzugehörigkeit herausragenden Position gelang es ihm 896 auch noch einmal die Kaiserkrone zu erringen. Als Arnulf 899 starb, hinterließ er einen unmündigen Sohn, **Ludwig „das Kind"** (900–911), der nicht mehr in der Lage war, sich gegen die Macht der anderen Großen durchzusetzen. Die Kaiserkrone Arnulfs wurde Gegenstand von Auseinandersetzungen zwischen einigen Angehörigen großer fränkischer Familien im Königreich Italien. Mit dem Tod des letzten unter ihnen im Jahr 928 erlosch vorerst das abendländische Kaisertum.

Die Konsolidierung der ostfränkischen Königsmacht

Wie in den anderen karolingischen Nachfolgereichen hatte auch in Ostfranken das Königtum eine starke Schwächung erlitten. Besonders die Minderjährigkeit Ludwigs des Kindes trug zu dieser Situation bei.

Die Krise der Monarchie begünstigte den Aufstieg einer neuen Herrscherschicht auf Stammesebene. Sowohl in Sachsen und Bayern als auch in Franken oder Schwaben kam es zu unabhängigen Machtbildungen, bei denen Herzöge in ihren jeweiligen Gebieten königliche Funktionen wahrnahmen. Diese Herzöge beschlossen 911 einen Mann aus ihren Reihen an die Spitze des gesamten Ostfrankenreiches zu erheben. Nur die Lothringer wandten sich in dieser Situation dem westfränkischen Reich zu.

Konrad I. (911–918)

Ihre Entscheidung fiel auf den Herzog von Franken, Konrad, der schon unter Ludwig dem Kind eine wichtige Rolle im Ostfrankenreich eingenommen hatte. Konrad I. war durch die Wahl der anderen Herzöge an die Macht gelangt, wollte aber anschließend ohne sie regieren. Diese Politik, wie ein Karolinger ohne die Mitwirkung der Stammesgewalten zu herrschen, konnte nur scheitern, da sie auf keinerlei realer Machtgrundlage beruhte. Als einzige Stütze des neuen Königtums kam die Kirche infrage. Aber auch sie erwies sich als schwache Verbündete, waren die den Fürsten unterstellten Bischofssitze doch genauso wenig frei wie das Königtum selbst. Konrad I. ging als besonders schwacher König in die deutsche Geschichtsschreibung ein. Zu seinen größten Leistungen zählte man, sein eigenes Scheitern erkannt und seinen stärksten Rivalen, den Sachsenherzog Heinrich, zu seinem Nachfolger designiert zu haben.

Heinrich I. (919–936), Gründer der sächsischen Königsdynastie

Die vorläufige Ernennung durch Konrad I. machte Heinrich jedoch nicht zugleich zum König. Diese Würde konnte man im Ostfrankenreich nur durch Zustimmung der Großen erlangen. Die Wahl des Sachsen fand 919 in Fritzlar statt. Jedoch waren weder der Herzog von Schwaben noch der von Bayern anwesend. Ihre Abwesenheit allein darf schon als passiver Widerstand gewertet werden, die unabhängige Königskrönung **Arnulfs von Bayern** drückt mehr noch die Opposition gegen die sächsische Monarchie aus. Von vornherein war klar: Heinrich würde nicht gegen die mächtigen süddeutschen Stammesherzöge regieren können, er musste sie in sein Herrschaftssystem integrieren. Kurz nach seinem Amtsantritt suchte er deshalb das Verhältnis zu ihnen in feste juristische Bahnen zu lenken. Durch **Huldigung** und **Vasalleneid** sollte seine Herrschaft grundsätzlich anerkannt werden. Im Gegenzug erhielt die hohe Reichsaristokratie aber nun auch ihren festen Platz im Reich. Das Ziel Konrads I., die Beseitigung der Stammesherzogtümer als mitbestimmende Kräfte, wurde aufgegeben.

Natürlich musste Heinrich I., wollte er als König regieren, einer Dezentralisierung seines Reiches entgegenwirken. Er versuchte dies in vier verschiedenen Bereichen. Erstens sollte die Bischofsmacht wieder enger an den König gebunden werden. Jedes Mal, wenn ein **Bischofssitz** vakant wurde, versuchte der König diesen mit einer Person zu besetzen, die ihm gefügig war. So war es ihm möglich, innerhalb der verschiedenen Herzogtümer indirekt über die Kirchen Königsmacht ausüben. Zweitens versuchte er bei der **Besetzung der Stammesherzogtümer**, der Regionalaristokratie einen Herzog vorzusetzen, der nicht aus ihren eigenen Reihen kam. Dadurch sollte die Bindung vom Herzog an den Stamm gebrochen und der königliche Amtscharakter des Herzogtums hervorgehoben werden. Drittens musste die **Verteidigung des Reiches**, die in der Zeit der Schwäche des Königtums den Stammesherzögen zugefallen war, wieder zu einer königlichen Angelegenheit gemacht werden. Siege gegen äußere Feinde verschafften Ansehen und Legitimität. Viertens schließlich war es für Heinrich nötig, gegenüber anderen Herrschern, besonders den westfränkischen als **rechtmäßiger Repräsentant des östlichen karolingischen Teilreiches** anerkannt zu werden. Außenpolitisch konnte er sich so zum alleinigen Sprecher gemeinsamer herzoglicher Interessen machen.

In diesen vier Bereichen setzte Heinrich I. eine königliche Politik in Gang, auf die die anderen Mächte des Reiches immer weniger Einfluss hatten. Sie wurde auf immer mehr Bereiche ausgedehnt – zunächst von Sachsen aus in die südlichen Herzogtümer und schließlich bis nach **Lothringen**. Im Zuge dieser Expansion wurde auch Aachen wieder ostfränkisch, wodurch die karolingische Tradition von nun an durch die sächsische Monarchie vereinnahmt werden konnte. Gegen Ende der 20er-Jahre des 10. Jahrhunderts bildete das ostfränkische Reich also schon weit mehr als zur Zeit Konrads I. eine politische Einheit. Die Frage war nun, inwieweit die Großen des Reiches eine Thronfolgeregelung im Sinne der dynastischen Kontinuität und der Reichseinheit unterstützen würden. Um späteren Konflikten vorzubeugen, versuchte Heinrich I. deshalb schon zu Lebzeiten in der **Hausordnung** von 929 eine Einigung mit den Herzögen zu erzielen. In scheinbar aller Einvernehmen wurde daraufhin sein zweitgeborener Sohn Otto als zukünftiger König designiert.

Otto II. mit den Symbolen der vier Reichsteile: Germania, Italia, Alemania, Francia (Lothringen).

Otto I. (936–973)

936 bestieg Otto I. in einer prunkvollen Zeremonie den Thron Karls des Großen. Wenig später zeigte sich jedoch, wie wenig die bei dieser Gelegenheit demonstrierte Einigkeit an der Spitze des Reiches den politischen Realitäten entsprach. Während die Herzöge bei den Thronfeierlichkeiten noch als ergebene Diener Ottos I. erschienen waren, lehnten sie sich schon bald zusammen mit dessen von der Macht verdrängten Brüdern auf. Da der neue Sachsenherrscher nicht an mehreren Fronten gleichzeitig kämpfen konnte, versuchte er die Lage durch einseitige Zugeständnisse zu beruhigen.

Seine erste Strategie zielte darauf ab, die **Stammesherzöge** durch Mitglieder seiner eigenen Familie zu ersetzen oder sie durch Heirat an seine Dynastie zu binden. Aber diese Art der Herrschaftszentralisierung zeigte bald ihre Grenzen. Sehr schnell näherten sich auch die Angehörigen der sächsischen Dynastie den Stämmen an, die sie eigentlich als Repräsentanten des Königtums regieren sollten. Das heißt, sie wurden nun ihrerseits zu unabhängigen Stammesherzögen, womit die alten Dezentralisierungstendenzen innerhalb des Reiches erneut aufkeimten.

Eine zweite Strategie Ottos I. hatte zum Ziel, dem Reich die einigenden Kräfte der **Kirche** dienstbar zu machen. Schon die karolingischen Herrscher hatten erkannt, wie wirksam sich staatliche und kirchliche Macht ergänzen konnten. Aber Otto I. erneuerte nicht nur die Kirchenpolitik der Karolinger, er ging weit über sie hinaus, indem er vom Königtum ausgehend ein System aufbaute, in dem die Kirche, statt einfache Verbündete zu bleiben, mit reichen Gütern ausgestattet, nun zu staatstragenden Aufgaben herangezogen wurde. Erst diese Politik gab dem ottonischen Königtum die nötige Handlungsfreiheit gegenüber den Stammesherzogtümern und schaffte damit auch die Voraussetzungen für den Aufstieg zum Kaisertum.

Die Erneuerung und Entwicklung des Kaisertums unter den Ottonen und Saliern

Schon seit seiner Erhebung zum König hatte sich Otto I. mit einer imperialen Aura umgeben. Möglicherweise war die Erneuerung des karolingischen Kaiserreichs von vornherein Bestandteil seiner politischen Ambitionen. Die rasche Konsolidierung seiner Königsmacht, die engen Beziehungen zur Kirche und die militärischen Erfolge, besonders die entscheidende Schlacht gegen die **Ungarn** auf dem Lechfeld 955, rückten ihn ohnehin in die Nähe Karls des Großen.

Wer zur **Kaiserwürde** aufsteigen wollte, musste allerdings eine aktive **Italienpolitik** betreiben. Drei an ihn herangetragene Hilfegesuche gaben ihm Gelegenheit, südlich der Alpen als oberste Macht aufzutreten. Zunächst war es Konrad von Burgund, der, bedroht durch den König von Italien, den Beistand des Sachsenkönigs erbat, dann dessen Schwester Adelheid, die während der italienischen Thronkämpfe gefangen genommen worden war und schließlich auch der Papst, dem einer der italienischen Königskandidaten gefährlich wurde. Zweimal zog Otto über die Alpen, um in diese Auseinandersetzungen einzugreifen. Das erste Mal (951) befreite er die burgundische Königstochter Adelheid, heiratete sie und ließ sich während des Aufenthalts in Norditalien nach

Die beiden Elfenbeintafeln aus Mailand, entstanden zwischen 962 und 973, zeigen Otto I. (links mit Krone) als Stifter des Magdeburger Doms vor dem thronenden Christus und Otto II. mit Theophanu und ihrem noch unmündigen Sohn Otto III. (rechts), zu Füßen des thronenden Christus.

dem Beispiel Karls des Großen zum „König der Franken und Langobarden“ krönen. Das zweite Mal schloss er nach dem Vorbild Pippins und dessen karolingischen Nachfolgern ein Schutzabkommen mit dem Papsttum und wurde im Gegenzug dazu am 2. Februar 962 zum **Kaiser** gekrönt.

Die neu gegründete Macht in Italien bestand zunächst nur aus einem Titel und dem Recht als päpstliche **Schutzmacht** aufzutreten. Wenn auch das Protektorat über das Papsttum die Möglichkeit bot, die kaiserliche Herrschaft von Rom ausgehend auf ganz Italien auszuweiten, musste Otto I. doch bei der Realisierung eines solchen Plans mit großem Widerstand rechnen. Einer seiner Hauptgegner konnte dabei der Papst selbst werden. Dieser hatte sich kurz nach der Kaiserkrönung Ottos in einer Prunkurkunde, dem *Pactum Ottonianum*, zu kaiserlicher Treue verpflichtet, ließ sich aber im Gegenzug, wie seine Vorgänger aus der karolingischen Zeit, die Oberherrschaft über weite Teile der Apenninenhalbinsel bestätigen. Einen Kaiser, der den Schutz päpstlicher Interessen ernst nahm, hätte er gern in Italien akzeptiert, einen, der in diesem Land über dieses Engagement hinaus tatsächlich regieren wollte, nicht. Da Otto I. aber entschlossen war, südlich der Alpen eine reale Macht aufzubauen, kam es schon kurze Zeit nach seiner Abreise aus Rom zu den ersten päpstlich angeführten **Revolten** gegen seine Herrschaft.

Christus krönt das Kaiserpaar Otto II. und seine Gemahlin Theophanu. Die Königin wird zusammen mit dem König gezeigt. Sie ist ihrem Gatten, was Größe und Ausstrahlung betrifft, gleichgestellt. Die verzierten Gewänder und der übrige Schmuck (Juwelen, Edelsteine) verbreiten eine gemeinschaftliche Herrscherpracht, die auf Gleichheit hindeutet.
Elfenbeinrelief aus Süditalien, nach 973.

Ein weiteres Problem bestand im Wiederaufkeimen des **Gegensatzes zwischen dem abendländischen und dem byzantinischen Imperium**. Nicht nur die Unvereinbarkeit zweier Kaisertitel spielte dabei eine Rolle, sondern mehr noch die konkreten Herrschaftsansprüche Ottos I. auf Süditalien. Da auch die norditalienischen Großen zu den potenziellen Widersachern des Kaisertums zählten, musste Otto I. einsehen, dass nur ein dauerhafter Aufenthalt in Italien und ständige Truppenpräsenz eine Anerkennung seiner Hoheit in diesem Königreich garantieren konnten. Entfernte sich der Kaiser, nutzten die partikularen Kräfte die Gelegenheit, ihr eigenes Regiment auszubauen. Es zeigte sich, dass kaiserliche Herrschaft nur auf militärischer Überlegenheit gegenüber den lokalen Gewalten aufbauen konnte. Am Ende der Herrschaft Ottos I. war das sächsische Kaisertum in Nord- und Mittelitalien weitgehend anerkannt. Der Süden blieb allerdings trotz der auf seinem dritten Italienzug (966–972) geführten kriegerischen Auseinandersetzungen mit dem **Basileus** byzantinisches Einflussgebiet.

Erst ein ebenfalls mit Legitimitätsproblemen behafteter Thronwechsel in Konstantinopel brachte Fortschritte in den Beziehungen zwischen den beiden Kaisertümern und schließlich auch ein Heiratsabkommen. Ottos gleichnamiger Sohn (Otto II.), der schon seit 967 neben seinem Vater die Kaiserwürde innehatte, sollte eine byzantinische Prinzessin heiraten. Die Hochzeitsfeierlichkeiten fanden 972 in Rom statt. Ottos II. Frau **Theophanu**, eine Nichte des Basileus, wurde bei dieser Gelegenheit wie zuvor ihre Schwiegermutter Adelheid zur römischen Kaiserin gekrönt. Ein Jahr später starb Otto I.

Otto II. (973–983)

Die langen Aufenthalte Ottos I. in Italien – er verbrachte zehn seiner letzten zwölf Herrschaftsjahre südlich der Alpen – zeigten ihre Folgen während der Regierungszeit seines Sohnes. Die Fürsten im Norden des Reichs hatten ihre Macht während seiner Abwesenheit freier entfaltet und bedrohten seinen Nachfolger nun aus verschiedenen Richtungen. Der Herzog von Bayern, **Heinrich der Zänker**, versuchte den neuen Kaiser dreimal zu entthronen. Der König der Dänen und die Herzöge von Böhmen und Polen gefährdeten die Grenzen seines Königtums im Norden und Osten. **Lothar III.**, der westfränkische karolingische Vetter des Sachsen, versuchte Lothringen erneut dem Westreich einzugliedern. Otto II. konnte sich in diesen Konflikten weitgehend behaupten und hatte in der Folge freie Hand für eine nach Italien ausgreifende Kaiserpolitik. Mit seinem Plan, die gesamte Apenninenhalbinsel von byzantinischem und sarazenischem Einfluss zu reinigen, rückte er allerdings von der Verständigungspolitik seines Vaters mit Konstantinopel ab. Die Unvorsichtigkeit, militärisch gegen die oströmische Herrschaft in Süditalien vorzugehen, bezahlte er dann auch mit einer empfindlichen militärischen Niederlage (Cap Colonne, 982) und schließlich mit dem Tod.

Otto III. (983–1002)

Der nun notwendige Herrschaftswechsel gestaltete sich schwierig, da der Nachfolger Ottos II., Otto III., erst drei Jahre alt war. Sein Königtum wurde von drei Frauen gerettet: von **Theophanu**, seiner Mutter, **Adelheid**, der Witwe Ottos I., die sich schon während der Zeit Ottos II. aktiv an der Politik beteiligt hatte, und schließlich von **Beatrix**, der Witwe des Herzogs von Lothringen, die alle westfränkischen Ansprüche auf ihr Herzogtum zugunsten des Kaisers abwehrte. Die beiden Hauptkonkurrenten des kleinen Otto für die Nachfolge auf dem Thron hatten schon seinem Vater zu schaffen gemacht. Beide konnten für sich in Anspruch nehmen, Nachkommen des ersten Sachsenkönigs, Heinrichs I., zu sein: **Heinrich der Zänker**, Herzog von Bayern, und der westfränkische **Lothar III.**, der zusätzlich durch seine Abstammung von Karl dem Großen legitimiert war.

Besonders Theophanu zeigte sich im Widerstreit mit diesen Gegnern des ottonischen Königtums als kluge Politikerin. Während ihrer Regentschaft herrschte sie wie selbstverständlich als Kaiserin (und nahm sogar den männlichen Titel *Imperator augustus* an). Ihrem Sohn verschaffte die Byzantinerin eine Bildung, wie sie einem Kleriker würdig gewesen wäre. Große Gelehrte wie die späteren Päpste **Johannes Philagatos** oder **Gerbert von Aurillac** beeinflussten die Herrschaftsauffassung des jungen Kaisers. Otto III. wollte das Imperium nach antikem Vorbild erneuern und machte Rom zu seiner ständigen Residenz. Grundlage und Klammer seines Reiches sollte das Christentum sein, die Eingliederung in dieses Staatsgefüge durch freiwilligen Anschluss stattfinden. Auf der Basis dieser Herrschaftskonzeption konnten Polen und das durch Otto zum Königreich erhobene Ungarn in den abendländischen Kulturkreis eingebunden werden.

Aber die Erneuerung des römischen Imperiums scheiterte trotz aller Betonung gemeinsamer christlicher Werte. In Italien und Rom selbst, dem Zentrum des Reiches, machte sich gegen Ende der Regierung Ottos III. Empörung gegen die kaiserliche Herrschaft breit. Otto III. erkannte, dass sein Kaisertum auf den engen Zusammenhang mit dem deutschen Königtum angewiesen blieb.

Der in den Himmel erhobene Kaiser sitzt in einer Mandorla, Körper und Arme bilden ein Kreuz. Mutter Erde trägt den Kaiser mitsamt seinem Thron. Sein Haupt aber befindet sich in himmlischen Sphären und ist von den Symbolen der vier Evangelisten – Engel (Matthäus), Löwe (Markus), Adler (Johannes) und Stier (Lukas) – umgeben. In den nur ihm vorenthaltenen Höhen empfängt er aus der Hand Gottes seine Krone, während ihm die im Irdischen verbleibenden Könige huldigen. In der Rechten die Weltkugel mit Kreuz, thront der Herrscher in einer Pose, die bisher Christus vorbehalten war. Ganz unten im Bild, teilnahmslos, zwei weltliche und zwei geistliche Fürsten.

Heinrich II. (1002–1024)

Sein Nachfolger **Heinrich II.** ging einen anderen Weg und machte sich statt der römischen die karolingische Erneuerung zur Devise. Diese Rückbesinnung schloss selbstverständlich die Kaiserkrönung in Rom ein, beinhaltete aber auch eine Wiederbelebung der auf Kirchenherrschaft und militärischer Überlegenheit aufbauenden deutschen Königsmacht. Heinrich II. war kein direkter Nachkomme Ottos III., sondern dessen Vetter, ein Sohn **Heinrichs des Zänkers** (vgl. Genealogie). Da Otto III. mit 22 Jahren kinderlos gestorben war, kam die bayerische Nebenlinie der sächsischen Kaiser zum Zug. Man hatte Heinrich II., da man befürchtete, er könne wie sein Vater zu einem gefährlichen Gegner des Königtums werden, zunächst für die klerikale Laufbahn bestimmt. Wenn er nun zu Königswürden aufstieg, trug seine Herrschaft immer noch priesterliche Züge. Als Gründer des Bistums **Bambergs**, der auch zu kirchenrechtlichen oder theologischen Fragen Stellung nahm, als Kaiser, der Kirchensynoden leitete ohne jemals in Widerspruch mit dem Papsttum geraten zu sein und als Ehemann, der mit seiner Frau Kunigunde in Keuschheit zusammenlebte, geht er als erster heiliger deutscher König in die Geschichte ein.

Die Regierung Heinrichs II. ist noch in anderer Hinsicht bedeutsam. Seit Karl dem Großen waren die bayerischen Herzöge immer zu mächtig, sich unproblematisch in ein anderes Königreich einzufügen. Nach dem Aussterben der Ottonen wurden nun gerade sie Nachfolger auf dem deutschen Thron. Nachdem also die königliche Macht mit Konrad I. bei den Franken gelegen hatte und mit Heinrich I. auf die Sachsen übergegangen war, befand sie sich nun bei den Bayern. Nacheinander hatte jeder dieser ehemaligen Herzöge die Allianz seines Volkes mit dem Königtum herbeigeführt. Bayern gliederte sich somit auf natürliche Weise in das deutsche Reichsgefüge ein.

Die Ottonen

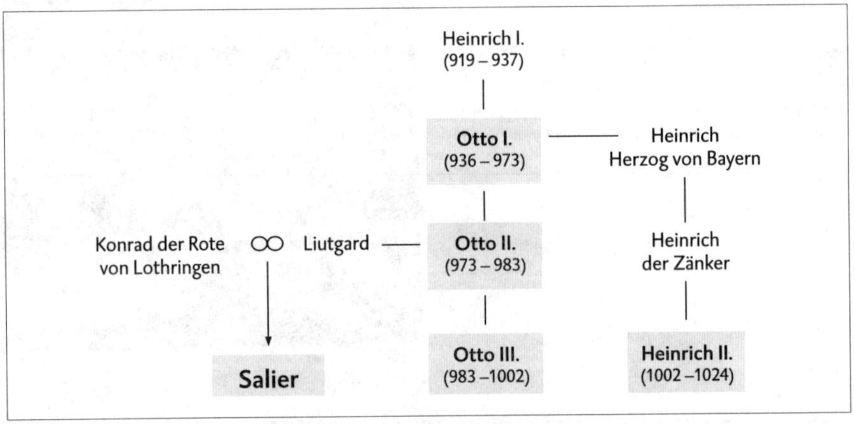

Konrad II. (1024–1039), Begründer der salischen Dynastie

Als Heinrich II. 1024 kinderlos starb und die sächsische Dynastie damit endgültig erlosch, bedeutete dies zwar eine genealogische, aber keine politische Zäsur. Auch seine salischen Nachfolger führten die traditionelle ottonische Kirchen- und Kaiserpolitik weiter. Die **Salier** waren ein sehr altes Fürstengeschlecht, das schon zu Zeiten Pippins des Mittleren (679–714) zur Führungsschicht des Fränkischen Reiches gehörte. Eine direkte Verbindung zu den Sachsenherrschern bestand durch die Heirat einer Tochter Ottos I. (Liutgard) mit (dem salischen) Konrad dem Roten.

In die Regierungszeit **Konrads II.** fällt ein für die Reichsgeschichte sehr bedeutsames Ereignis: die Unterstellung **Burgunds** unter die Kaiserherrschaft (1033). Die Abhängigkeit dieses Königreichs vom Imperium hatte sich in früher sächsischer Zeit abgezeichnet und wurde von Otto I. und seinen Nachfolgern durch Heiratspolitik immer weiter intensiviert. (vgl. Genealogie S. 55). Zu Lebzeiten des letzten burgundischen Königs, **Rudolfs III.**, hatte sich Kaiser Heinrich II. dessen Nachfolge gesichert, starb jedoch zu früh, um sie auch antreten zu können. Der Anspruch Konrads II. war schwach. Er leitete sich ausschließlich aus seiner Ehe mit einer Nichte des Königs ab. Andere Prätendenten waren genealogisch besser gestellt. Sein Recht zur Nachfolge begründete er deshalb nicht über seine Heirat, sondern mit dem Argument eines unabhängig von der

Die Salier

Person des Kaisers bestehenden Kaisertums, dessen Rechte sich automatisch von dem Vorgänger auf den Nachfolger übertrügen. Nach dieser Auffassung hätten also die einst Heinrich II. zugestandenen Rechte unmittelbar auf ihn überzugehen, womit andere Anwärter auf den burgundischen Thron ausgeschaltet wären. Das für Konrad II. kennzeichnende **personenunabhängige (transpersonale) Staatskonzept** ist für unsere Zeit selbstverständlich, da der moderne Staat als Institution aufgefasst wird, die unabhängig von den jeweiligen Machthabern existiert. Für das beginnende 11. Jahrhundert war die Vorstellung jedoch neu und zeugt von einer Weiterentwicklung des abstrakten Staatsdenkens gegenüber dem an personalen Begriffen orientierten frühen Mittelalter.

Konrad II. konnte seine Ansprüche letztlich gegenüber dem burgundischen König Rudolf III. durchsetzen und nach dessen Tod im Jahr 1033 alle seine Konkurrenten ausschalten. Seit der Krönung Konrads II. zum König von Burgund beruhte die reale Macht des mittelalterlichen Kaisertums auf der damit konstituierten „**Trias der Königreiche**“: Deutschland, Italien und Burgund.

Heinrich III. (1039–1056)

Der Sohn Konrads II., **Heinrich III.**, wurde noch zu Lebzeiten des Vaters König von Burgund. Aber auch seine Nachfolge in den anderen beiden Königreichen hatte Konrad II. sorgsam vorbereitet. Als Gründer einer neuen Dynastie musste es ihm besonders wichtig sein, der salischen Herrscherlinie Kontinuität zu verschaffen. Schon kurz nach seiner eigenen Krönung in Deutschland machte er deshalb seinen Sohn zum **Mitkönig**. Seit dem Aufstieg zur burgundischen Königswürde verwendete er auch ein Kaisersiegel, auf dem er zusammen mit seinem Sohn abgebildet war und drückte damit dessen enge Teilhabe an der Herrschaft aus.

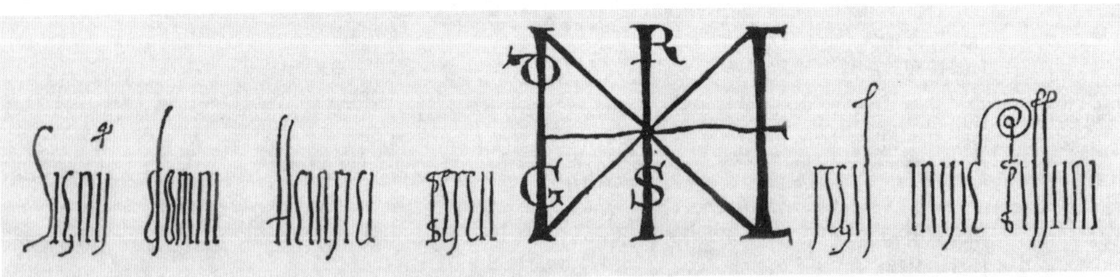

Das kaiserliche Zeichen auf einer Urkunde Heinrichs III., ausgestellt in Augsburg am 18. Januar 1040. Die Transkription lautet: Signum domni Heinrici tertii + regis invictissimi. Der Querstrich in der Mitte des aus dem Monogramm und dem Buchstaben der Amtsbezeichnung zusammengesetzten Signums ist der so genannte Vollzugsstrich.

Die Regierung Heinrichs III. in **Deutschland** ist gekennzeichnet durch sein Bestreben, die königliche Macht in den südlichen und westlichen Herzogtümern zu intensivieren. Dadurch geriet er in schwere Konflikte mit dem bayerischen und lothringischen Herzog, die 1055 beinahe zu seiner Absetzung geführt hätten. Diese inneren Kämpfe zeigen schon jenen wachsenden Widerstand gegen das Königtum, der dann nach seinem Tod voll ausbrechen sollte. In **Italien und Burgund** dagegen profitierte Heinrich III. von der politischen Vorarbeit seines Vaters und konnte sich trotz der schwierigen Lage in Rom als Kaiser durchsetzen. Im Hinblick auf seine starke Stellung gegenüber der **Kirche** und seine außenpolitischen Erfolge – insbesondere die zeitweilige lehnsrechtliche Anbindung Polens, Ungarns und Dänemarks ans Reich – wurde die Regierungszeit Heinrichs III. früher häufig als der Höhepunkt mittelalterlicher deutscher Kaiserherrschaft angesehen. Dabei vergaß man jedoch, dass sich die unter Heinrich IV. ausbrechende Krise schon unter seiner Herrschaft langsam entwickelt hatte.

Verbindungen der Ottonen und Salier mit den burgundischen Herrschern

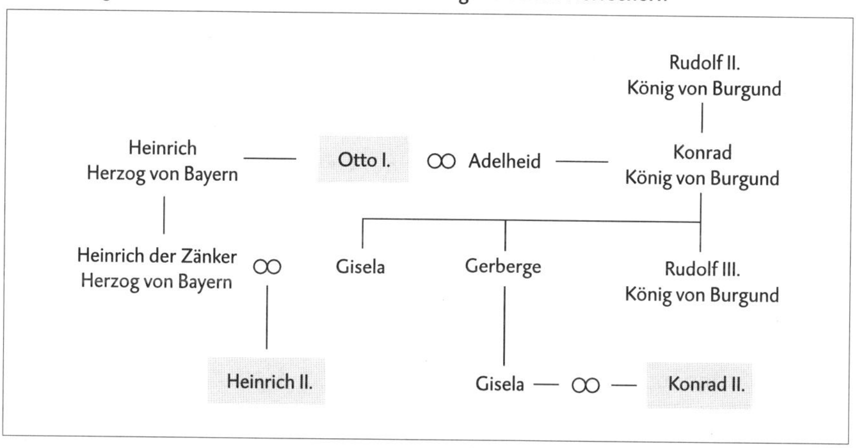

Kirche und Reich im Zeitalter des Investiturstreits

Die ottonisch-salische Reichskirche

Der Begriff der **Reichskirche** wurde zunächst auf einzelne Kirchen angewandt, die mit dem König oder Kaiser in einer speziellen Rechts- und Herrschaftsbeziehung standen. Die so genannte **Immunität** versetzte bestimmte Kirchen schon in fränkischer Zeit in ein unmittelbares Verhältnis zum Reich. Sie verbot es besonders dem Grafen, den Bereich der kirchlichen Grundherrschaft zu betreten, dort Gericht zu halten und Abgaben zu fordern. Stattdessen übernahm der kirchliche oder klösterliche Herr selbst beziehungsweise dessen **Vogt** innerhalb des Immunitätsbezirks die wichtigsten juristischen und steuerlichen Aufgaben. Für die Kirchen bedeutete Immunität theoretisch eine Befreiung vom Eingriff des weltlichen Adels, für den König die Möglichkeit einer direkten Einflussnahme in kirchliche Herrschaftsbereiche.

Wurden kirchliche Würdenträger innerhalb ihrer Immunitätsbezirke schon unter den karolingischen Herrschern mit königlichen Rechten ausgestattet, wurde diese Praxis im ostfränkischen Reich unter Otto I. stark ausgeweitet. So wurden ihnen nun zahlreiche königliche **Grundherrschaften** verliehen, wichtige Einkommensquellen wie **Markt-, Münz- und Zollrechte** sowie **juristische Kompetenzen** übertragen und ihnen auch **ganze Grafschaften und Herzogtümer** zugeteilt. Dabei ging es dem Kaiser um die Bindung der Kirchen ans Reich und um die Steigerung ihrer Macht zum Nachteil der schwer zu kontrollierenden Stammesherzogtümer.

Diese Schenkungen waren selbstverständlich an **Gegenleistungen** gebunden. Die Vorsteher der Reichskirchen waren zunächst verpflichtet, dem König spezielle Dienste zu leisten. Dazu gehörte die Pflicht, regelmäßig am Hof Rechenschaft abzulegen und dort auch bestimmte Funktionen zu übernehmen (**Hoffahrt**), aber auch, dem Herrscher militärisch zur Seite zu stehen (**Heerfahrt**). Weiterhin schuldeten sie dem Reichsoberhaupt genau definierte Abgaben zur Versorgung seines Hofs (**Königsgastung**) und hinterließen ihm bei ihrem Tod all ihr bewegliches Eigentum (**Spolienrecht**).

Die Aufgaben der Reichskirche gegenüber dem Königtum beschränkten sich also nicht auf rein kirchliche Angelegenheiten, der König übertrug vielmehr dem Bischof einen großen Teil seiner Herrschaftsrechte und verlangte dafür die Wahrnehmung wichtiger staatlicher Aufgaben. Die Macht des Königtums

Kaiser Otto III. investiert den Erzbischof von Gnesen mit dem Stab. Bronzetür des Gnesener Doms, 12. Jahrhundert.

innerhalb eines bischöflichen Amtsbereichs hing selbstverständlich von den Möglichkeiten ab, die sich der König gab, den jeweiligen Kirchenherren zu kontrollieren. Die besten Voraussetzungen zu einer wirksamen Einflussnahme bestanden, wenn es dem Reichsoberhaupt gelang, die Bischöfe seines Reiches selbst auszuwählen und einzusetzen.

Investitur

Die aus dem sakralen Königtum hergeleitete Rechtfertigung zur Auswahl und Investitur der geistlichen Würdenträger durch das Reichsoberhaupt stand im Widerspruch zu altkirchlichem Recht. Nach ihm sollte der Bischof vom Klerus und Volk seiner Diözese frei gewählt werden.

Die völlige Unterordnung der Kirche unter den weltlichen Herrscher als Folge der königlichen Investitur konnte nicht im Sinne des Papsttums sein. Es verlor durch eine solche Einsetzung jeglichen Handlungsspielraum innerhalb seiner eigenen Institution. Wollte es diesen wiedergewinnen, mussten sämtliche Vermischungen der weltlichen und geistlichen Sphäre infrage gestellt und die Eigenständigkeit der Kirche gegenüber den Laiengewalten neu betont werden. Das war der Ausgangspunkt für ein tief greifendes innerkirchliches Reformprogramm, das nach außen hin im Investiturstreit zur Wirkung kam.

Die „gregorianische" Wende

Bis zur Mitte des 11. Jahrhunderts war der Unterschied zwischen Geistlichkeit und Weltlichkeit sowohl im Bereich der hohen kirchlichen Würden als auch auf der Ebene des niederen Klerus sozial kaum erfahrbar. Der Bischof war innerhalb der ottonisch-salischen Reichskirche in staatliche Aufgaben eingebunden wie der weltliche Fürst. Der einfache Priester lebte in Ehe wie ein Laie. Wollte sich die Kirche von der Weltlichkeit emanzipieren, musste sie nicht nur die Beziehungen zu dieser sondern auch sich selbst von Grund auf reformieren. Es war nötig, die Symbole ihrer Abhängigkeit von der weltlichen Macht zu zerstören und die Realität ihrer gesellschaftlichen Vermischung mit dem Laienstand zu überwinden.

Die „moralische" Reform der Kirche

Die gegen Mitte des 11. Jahrhunderts eingeleitete und durch Papst Gregor VII. besonders geförderte Kirchenreform (daher „gregorianische" Reform) beinhaltete zunächst drei Punkte: Überwindung der Laieninvestitur, Abkehr von der Simonie und Abschaffung der Priesterehe. Oberstes Ziel einer solchen Reform war, die Einsetzung von kirchlichen Würdenträgern durch weltliche Gewalten zu beseitigen. Die **Laieninvestitur** sollte verboten werden und mit ihr alles, was an die Verstrickung von Weltlichkeit und Geistlichkeit erinnerte, so zum Beispiel die bei der kirchlichen Amtseinführung traditionell geleistete Gabe des Investierten an den Investierenden. Man verstand sie von nun an als schlichte Bezahlung für die Ordination, Geldleistung für geistliche Gaben und somit als **Simonie**. Es handelt sich dabei um eine Ketzerei, die man auf Simon Magus zurückführte, der den Aposteln Petrus und Johannes die Wirkung des Heiligen Geistes abkaufen wollte.

Die Reform beschränkte sich jedoch nicht nur auf die Kirchenvorsteher. Ihr Ziel war es ebenso, den gesamten Klerikerstand gegenüber dem Laienstand sozial abzuschließen und ungewollte Übergänge zwischen beiden – auch materieller Art – zu vermeiden. Der Kampf gegen die **Priesterehe** (Nikolaitismus) setzte an diesem Punkt an. Keuschheit sollte zum Kennzeichen des Klerikers werden und ihn nach antiken Perfektionsmaßstäben über den Laien erheben. Mit der priesterlichen Ehelosigkeit sollte aber ebenso die Abwanderung kirchlicher Reichtümer durch Vererbung eingedämmt werden.

Jeder dieser Tatbestände, Laieninvestitur, Simonie, Priesterehe genügte zur unmittelbaren Amtsenthebung des Beschuldigten, wenn dafür politische Notwendigkeit bestand. Diese Vorwürfe dienten nicht nur als Mittel zur inneren Erneuerung der Kirche, sie wurden auch zur rechtlichen Handhabe gegen kirchliche Würdenträger, die sich in ihrem Verhältnis zur weltlichen Macht als allzu nachgiebig zeigten. Nicht von ungefähr wurde also der offen vorgetragene Anspruch von Freiheit der Kirche gegenüber weltlichen Mächten mit einem genau dieser Zielrichtung folgenden innerkirchlichen Reformprogramm verknüpft.

Der Aufstieg des Papsttums

Die Durchsetzung dieses Programms erwies sich als schwierig. Erstens verfügte der Römische Stuhl bis zur Mitte des 11. Jahrhunderts nur über begrenzte Machtmittel gegenüber den anderen Kirchen – der Papst, obwohl er in Glaubensfragen besondere Autorität besaß, galt lediglich als Primus inter pares. Zweitens befand er sich selbst in einer tiefen Abhängigkeit von der weltlichen Macht, unterlag dem Einfluss der römischen Aristokratie und des Kaisertums.

Diese Situation sollte sich innerhalb eines halben Jahrhunderts tief greifend ändern. Innerkirchlich führte eine über diesen Zeitraum hinweg gegen alle Widerstände stark zentralistisch ausgerichtete Politik der römischen Bischöfe zu einer Straffung der gesamten Kirchenhierarchie und damit auch zu einer maßgeblichen Steigerung der päpstlichen Regierungsgewalt. Die Einrichtung zentraler Institutionen festigte andererseits auch die Einheit der Gesamtkirche und machte sie nach außen hin kampffähiger.

In seinem Verhältnis zu den weltlichen Mächten erreichte das Reformpapsttum zunächst die Anerkennung der freien Wahl des römischen Bischofs durch die Kardinäle, den Klerus und das Volk Roms. Durch eine Reihe von programmatischen Schriften und Kundgebungen – besonders aus der Zeit des Papstes **Gregor VII.** – fand dann das Verbot der Laieninvestitur zumindest auf unterer kirchlicher Ebene langsam Anerkennung.

Um aber volle Unabhängigkeit gegenüber Königen und Kaisern zu gewinnen, musste das Papsttum zu einer realen politischen Macht im Abendland werden, musste die tatsächliche priesterliche Oberherrschaft (**Hierokratie**) über die Welt erlangen. Theoretisch war diese schon lange begründet, umgesetzt wurde sie durch die Errichtung zahlreicher, um den römischen Bischofssitz gruppierter politischer Allianzen, die Unterstützung des papsttreuen Adels gegen das Königtum und nicht zuletzt auch durch direkte militärische Hilfeleistungen an Verbündete des Römischen Stuhls.

Zusammenfassend lassen sich also hinsichtlich der gregorianischen Wende drei Hauptelemente hervorheben: die **innere Reform** der Kirche, ihre wachsende **Freiheit** gegenüber der weltlichen Gewalt, die Errichtung des **römischen Primats** und die Ausweitung der **politischen Dominanz** des Papsttums gegenüber den anderen politischen Mächten des Abendlandes.

Die Trennung von geistlicher und weltlicher Macht

Der Salier Heinrich III. hatte 1046 während seines Aufenthalts in Italien drei miteinander konkurrierende Päpste abgesetzt und einen vierten eingesetzt. Dieser Akt wurde immer schon als symbolisch verstanden: Der Kaiser verfügte offensichtlich nach freiem Willen über das Papsttum. Während der Regierungszeit Heinrichs III., die häufig als Höhepunkt des mittelalterlichen Kaisertums betrachtet wurde, begann jedoch auch ein neuer Abschnitt in der Geschichte des Papsttums. Die von ihm unterstützten deutschen Päpste brachten die in verschiedenen Reformzentren kursierenden Ideen der kirchlichen Erneuerung mit nach Rom. Es stellte sich nun die Frage, welche Rolle das Kaisertum zukünftig innerhalb der Kirche einnehmen sollte.

Der schwierige Machtwechsel an der Spitze des Reichs nach dem frühen Tod des Kaisers 1056 ließ dem Papsttum dann den nötigen Raum, die begonnene Reformpolitik weiter voranzutreiben. Der unmündige **Heinrich IV.** (1056–1106) musste dagegen lange Jahre warten, bis er selbst regieren durfte. Unterdessen hatte seine Mutter Agnes, unterstützt vom Papst und hohen kirchlichen Würdenträgern, die Regentschaft übernommen. Als er eigenständig die Herrschaft antrat, hatte er kein einziges Herzogtum mehr in den Händen, Königsgut war entfremdet worden, in Sachsen schwelte der Aufstand und in Rom begann sich die radikale Reformpartei durchzusetzen. In dieser Situation bahnte sich bei der Nachfolge des Mailänder Bischofs ein Streit mit dem Papst an.

Die Exkommunikation des Kaisers

Bei der Besetzung des Mailänder Bischofsstuhls erhoben sowohl der deutsche König als auch der römische Bischof Anspruch auf das Recht der Einsetzung. Während verschiedene Kirchensynoden erneut die Laieninvestitur verboten, ernannte Heinrich IV. dennoch nacheinander zwei seiner Kandidaten. Als deshalb Gregor VII. die **Exkommunikation** des Königs androhte, trieb dieser die Provokation auf die Spitze und bewog den deutschen Episkopat, den Papst für abgesetzt zu erklären. In leidenschaftlicher Form sprach darauf Gregor die Exkommunikation über Heinrich aus, untersagte ihm die Leitung des Reiches und entband dessen Untertanen vom Gehorsam. Diese Maßnahme zeigte sofortige Wirkung. Die deutsche **Fürstenopposition** – froh über diesen Schlag gegen das Königtum – organisierte sich und erwog zu einem festgelegten Datum eine Neuwahl, falls Heinrich IV. keine Einigung mit dem Papsttum erreichte. Der König, durch dieses **Ultimatum** unter Druck gesetzt, musste also seine Wiederanerkennung bei Gregor erwirken. Kurzfristig und unter denkbar

Auf dem Höhepunkt der Auseinandersetzung zwischen Kaisertum um Papsttum bittet Heinrich IV. (mitte) die einflussreiche Markgräfin Mathilde von Tuszien (rechts) und Abt Hugo von Cluny, seinen Taufpaten, um Vermittlung bei Gregor VII.
Die Buchmalerei zeigt Gregor VII. in päpstlicher Herrscherpose.

schlechten Bedingungen überquerte er die Alpen, um vom Bann gelöst zu werden. Der Papst, dem an diesem vorschnellen Ausgleich politisch nichts lag, zog sich auf die Burg **Canossa** zurück, wo ihm Heinrich barfuß und im Büßerhemd die Absolution abrang. Der Gang Heinrichs nach Canossa (1077) war also kein erniedrigender Bußgang, sondern ein wohlüberlegter politischer Schachzug, der ihm seine päpstliche Wiederanerkennung als König einbrachte. Damit hatte er – trotz der zwischenzeitlich stattgefundenen **Wahl Rudolfs von Rheinfelden** zum Gegenkönig – freie Hand zur Wiederaufrichtung seiner Herrschaft.

Die Jahre nach Canossa sind gezeichnet durch erneute Spannungen zwischen den beiden Oberhäuptern der abendländischen Christenheit. Auf das ausdrückliche päpstliche **Investiturverbot** für Könige und dessen Missachtung durch Heinrich IV. folgte eine weitere Exkommunikation (1080), die mit der Einsetzung eines **Gegenpapstes** beantwortet wurde.

Der Gegensatz zwischen sakralem Königtum und päpstlicher Hierokratie

Bei dem Gegensatz zwischen Gregor VII. und Heinrich IV. handelte es sich schon lange nicht mehr ausschließlich um einen Kampf um das Recht der Bischofsinvestitur, es ging um Bestand und Durchsetzung zweier widerstreitender politisch-religiöser Basiskonzepte: dem **sakralen Königtum** und der **päpstlichen Hierokratie** (Priesterherrschaft) über die Welt, denen beiden – auf gegengesetzte Weise – das Prinzip der Vermischung von geistlicher und weltlicher Sphäre zu eigen war.

Das sakrale Königtum der salischen Zeit war eine ideologische Synthese aus biblischem, antik-römischem, germanischem und genuin christlichem Gedankengut. Aufbauend auf Elementen des alttestamentlichen **Priesterkönigtums**, der byzantinischen **Theokratie**, des **Königsheils** und dem mittelalterlichen **Gottesgnadentum** manifestierte es sich in der ottonischen Staatssymbolik, in der kaiserlichen Ikonographie, in der Herrscherliturgie und auch im königlichen Kanonikat in verschiedenen Domkapiteln. Als Gesalbter des Herrn regierte der deutsche König innerhalb der Kirche und nicht von außen.

Der hierokratische Anspruch des Papsttums andererseits baute mehr auf geschichtlichen und theologischen Elementen auf. Historisch wurde er zumeist aus einer im 8. Jahrhundert entstandenen und im Mittelalter nur selten infrage gestellten Fälschung begründet, der so genannten **Konstantinischen Schenkung**. Bei diesem Dokument handelt es sich um einen fiktiven Brief Kaiser Konstantins, in dem er dem Papst die Oberherrschaft über alle Kirchen der Welt, über die Stadt Rom, Italien und die „westlichen Gebiete" überträgt, ihm auch die Statthalterschaft Christi und Petri auf Erden zuspricht, sich seiner Macht unterstellt und es ihm erlaubt, die Insignien des Kaiserreiches zu tragen. Das Schriftstück lieferte die rechtliche Grundlage für die päpstliche Souveränität im Kirchenstaat, die politische Herrschaft im Abendland und auch für die Approbation des Kaisers durch den römischen Stuhl. Dieser Übergriff des Papsttums auf die weltliche Sphäre wurde seit der Antike theologisch abgesichert durch die Doktrin der Vorrangigkeit des Spirituellen gegenüber dem Zeitlichen, nach der der Papst als Inhaber der höheren Gewalt beim Jüngsten Gericht für die Taten der weltlichen Herrscher gerade zu stehen und damit auch in der Weltpolitik mitzuwirken habe.

Der Investiturstreit

Der Streit zwischen Heinrich IV. und Gregor VII. erzwang eine klare Abgrenzung der Wirkungssphären von kaiserlicher und päpstlicher Macht. Es ging dabei um nicht weniger als die Auflösung des gesamten, auf spiritueller und weltlicher Einheit beruhenden mittelalterlichen Weltbildes. Philosophen, Juristen und Theologen, Prediger und Ordensbrüder leisteten ihren aktiven Beitrag zu dieser allgemeinen Umwälzung; der Kaiser dagegen blieb in der Defensive. Ihm ging es um den Erhalt seiner geistlichen Herrschaftskompetenzen, auf denen die Organisationsstruktur seines Reiches aufbaute.

Der Streit zwischen Kaiser- und Papsttum dauerte unter dem Sohn Heinrichs IV. fort. **Heinrich V.** (1106–1125) hatte sich zwar für einen kurzen Moment den Ansprüchen der römischen Kirche gebeugt, jedoch nur, um seinen Vater vom Thron zu verdrängen. Sobald er aber die Macht an sich gerissen hatte, schwenkte er auf die traditionelle Königspolitik ein und wurde dafür wie sein Vater exkommuniziert.

Dennoch kam es auch immer wieder zu grundsätzlichen Verhandlungen bei der Einsetzung von Bischöfen. Langsam setzte sich im kirchlichen Recht ein neuer Gedanke durch: die **Trennung von geistlicher Amtsbefugnis und weltlicher Herrschaft**. Dieses Prinzip fand schließlich bei dem so genannten **Wormser Konkordat** 1122 Anwendung. In ihm gestand **Heinrich V.** der Kirche die **freie kanonische Wahl** zu und verzichtete auf die Investitur mit Ring und Hirtenstab (den Symbolen der geistlichen Herrschaft). Papst **Calixtus II.** seinerseits willigte in die **kaiserliche Beleihung** mit den weltlichen Kirchengütern unter dem Symbol des Zepters ein und gestand dem Reichsoberhaupt zu, bei der Bischofswahl anwesend zu sein; auch sollte die Weihe in Deutschland erst nach der kaiserlichen Einsetzung geschehen.

Seit 1122 galten die Wirkungssphären weltlicher und geistlicher Macht bei der Investitur somit als festgelegt. Bei genauerer Betrachtung zeigt sich allerdings, dass durch das Wormser Konkordat zwar wichtige päpstliche Ansprüche anerkannt, damit aber politisch noch nicht durchgesetzt waren. Vorrangiges Ziel päpstlicher Politik musste es also zunächst sein, den auf diplomatischem Weg erlangten Erfolg durch Vermeidung von erneuten Konflikten zu sichern. Die Voraussetzungen für eine Entspannung des Verhältnisses von Reich und Kirche waren günstig, als sich nach dem Tod Heinrichs V. in **Lothar von Supplinburg** (1125–1137) und **Honorius II.**, zwei kompromissbereite Vertreter des Kaiser- und Papsttums gegenüberstanden. Beide hatten sich mit konkurrierenden Kräften auseinander zu setzen, sodass ihnen an einem Wiederaufflammen des Konfliktes an der Spitze der Christenheit wenig gelegen war.

Das auf die Kirche gestützte Herrschaftssystem der deutschen Könige war an dem Kompromiss von Worms nicht zerbrochen, jedoch wurde es nun auf neue Grundlagen gestellt. Durch die Herauslösung eines spezifisch weltlichen Machtbereichs aus dem Bischofsamt wurde das Verhältnis zwischen dem König und den geistlichen Würdenträgern nun rein lehnsrechtlich definiert. Die amtsrechtliche Stellung der Bischöfe, aus der sich im ottonisch-salischen System so zahlreiche Herrschaftsdelegationen herleiteten und welche die Grundlage für das besonders enge Verhältnis zwischen Königtum und Reichsprälaten war, trat demgegenüber zurück. Vielmehr nahmen nun die geistlichen Würdenträger in ihrer Beziehung zum König genau die gleiche Stellung ein wie die weltlichen Fürsten und erhoben die gleichen Ansprüche auf Unabhängigkeit wie sie. Den Nachfolgern der Salier musste es deshalb darum gehen, das ottonisch-salische Reichskirchensystem auf lehnsrechtlicher Basis zu erneuern.

Reich und Reichsidee in der Stauferzeit

Der Aufstieg der Staufer

Schon bevor die Staufer zur deutschen Königswürde gelangten, waren sie ein mächtiges Herrschergeschlecht – mächtig genug, um bei der Thronfolge des kinderlosen **Heinrichs V.** von den Wählern übergangen zu werden. Diese befürchteten eine Fortsetzung der zentralistischen Politik der Salier und kürten deshalb den Außenseiter **Lothar von Supplinburg**, den Herzog von Sachsen, zum König. Da er keine männlichen Nachkommen hatte, war die Gefahr des Aufstiegs einer neuen Dynastie zunächst gebannt.

Schon unter der Regierung Lothars wurde der Welfe **Heinrich der Stolze,** Herzog von Bayern, zum einflussreichsten Fürsten im Reich. Als er von dem sterbenden Kaiser die Reichsinsignien erhielt und zusätzlich noch das sächsische Herzogtum zugesprochen bekam, erschien er als übermächtiger Thronkandidat. Deshalb organisierte sich heimlich eine Wähleropposition, die den staufischen Prätendenten, **Konrad III.**, an die Macht führte.

Konrad III. (1138–1152), Begründer der staufischen Dynastie

Um das Gleichgewicht zwischen Fürsten- und Königsmacht wiederherzustellen, war es für den neuen König nötig, das existenzbedrohende **Doppelherzogtum Heinrichs des Stolzen** zu zerschlagen. Da dieser aber auf die Forderung der Herausgabe Bayerns oder Sachsens nicht einging, wurde der **Bann** über ihn verhängt. Folge dieser Maßnahme war die Einziehung und Aufteilung seiner Besitzungen „nach Jahr und Tag". Nutznießer des Streites waren letztlich zwei Familien, die nun die Gebiete des **Welfen** zugesprochen bekamen und zur Herzogswürde aufstiegen: die **Babenberger** in Bayern und die **Askanier** in Sachsen.

Der staufisch-welfische Gegensatz hatte sich mit dem Ausschluss Heinrichs des Stolzen aus dem Reichsverband stark zugespitzt und obwohl nach dem Tod des ehemaligen bayerisch-sächsischen Herrschers einige Vermittlungsversuche stattfanden, flammte der Konflikt immer wieder auf. Sein minderjähriger Sohn, **Heinrich der Löwe**, wurde im Kampf gegen die Staufer zunächst von Familienangehörigen vertreten, machte dann aber auch selbst seine Ansprüche gegen das Königshaus geltend und konnte schließlich Sachsen zurückgewinnen.

Als Konrad III. 1152 starb, war die Beilegung der Auseinandersetzung zwischen Welfen und Staufern zu einer der vordringlichsten Angelegenheiten an der Reichsspitze geworden. Da Konrad ebenfalls nur einen minderjährigen

Sohn hinterließ und eine Regentschaft in dieser schwierigen Lage nicht infrage kam, designierte er seinen Neffen, den Herzog Friedrich von Schwaben, zum König. Friedrich I., genannt Barbarossa, war schon aus genealogischer Sicht ein ausgesprochen geeigneter Kandidat: Er war Staufer durch seinen Vater, Welfe durch seine Mutter und über Hochzeiten innerhalb dieser beiden Familien auch mit den Saliern, Babenbergern und sächsischen Supplinburgern verwandt.

Die Staufer als „zentrales Herrschergeschlecht“

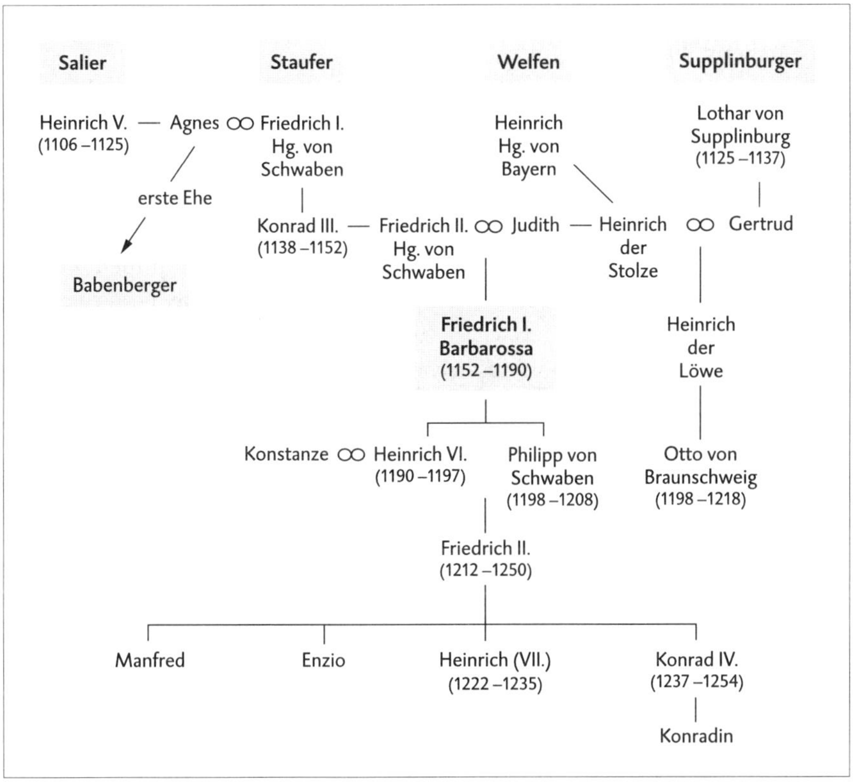

Friedrich I. Barbarossa (1152–1190)

Vor dem Regierungsantritt **Friedrichs I.** mussten die Welfen dennoch erst für die Wahl des Staufers gewonnen werden. Seine Anerkennung erhielt der schwäbische Herzog vermutlich, indem er seinem Cousin Heinrich dem Löwen die Rückgabe Bayerns versprach. Diese Zusicherung war nicht leicht einzuhalten, herrschten über dieses Herzogtum doch seit dem Sturz Heinrichs des Stolzen die Babenberger. Zu dem versprochenen Ausgleich kam es deshalb erst 1156 durch das so genannte *Privilegium minus*. Das alte Stammesherzogtum

Bayern, zu dem auch die altbabenbergische Markgrafschaft **Österreich** gehörte, wurde aufgeteilt. Den größten Teil des Ganzen erhielt Heinrich der Löwe, der Babenberger wurde durch die Erhebung seines österreichischen Herrschaftsgebiets zum Herzogtum mit besonderen Vorrechten entschädigt. Dieser Kompromiss entschärfte die Situation im deutschen Königreich. Die **Babenberger** waren durch die Aufwertung ihrer Markgrafschaft zu unabhängigen Herren im Reichsverband geworden, **Heinrich der Löwe** hatte erreicht, was man seinem Vater einst verwehrte: ein **Doppelherzogtum**. Friedrich I. erhielt im Gegenzug durch den welfisch-staufischen Ausgleich freie Hand für seine Italienpolitik.

Seit dem Investiturstreit hatte sich im Königreich **Italien** die Situation grundlegend verändert. Die lombardischen Städte waren dem Einfluss des deutschen Königs entglitten und hatten ihre Autonomie maßgeblich gesteigert. Sie hatten frühere Reichsrechte an sich gezogen und damit die finanziellen Einnahmen des Kaisertums gemindert. Deshalb verkündete der Kaiser 1158 ein **Regaliengesetz**, nach dem die norditalienischen Kommunen künftig durch kaiserliche Beamte verwaltet werden sollten. Da die Unterwerfung unter die staufische Oberherrschaft für die lombardischen Städte aber mit bedeutenden finanziellen Einbußen verbunden war, erwuchs dem Kaiser in ihnen ein mächtiger Gegner.

Auch das Verhältnis zum Papsttum hatte sich schon in den ersten Jahren der Regierung Friedrichs I. verschlechtert. Die kaiserliche Regalienpolitik, gegensätzliche Machtansprüche in Süditalien, aber auch verschiedene direkte Eingriffe in die von der Kirche beanspruchten Freiheiten waren dafür verantwortlich. 1159 kam es zu einer Doppelwahl, bei der sich zwei Kandidaten für den Heiligen Stuhl gegenüberstanden: **Alexander III.** und der kaisertreue **Viktor IV.** Ganz im Geist vorgregorianischer Tradition entschloss sich Friedrich, eine Weltsynode einzuberufen, die unter seinem Einfluss ein abschließendes Urteil über die Papstwahl abgeben sollte. Die in Pavia (1160) zusammengetretene Versammlung wurde aber von Alexander III. als Provokation verstanden und deshalb von seinen Parteigängern boykottiert.

Weil dieser Papst auch mit den von Friedrich I. bekämpften Lombardenstädten paktierte, geriet er immer mehr in die Schusslinie der kaiserlichen Politik und musste schließlich aus Italien fliehen. Gegenüber den lombardischen Städten aber gelang es dem Reichsoberhaupt nicht überall, seine Autorität geltend zu machen – immer wieder blockierte der papsttreue **Veroneser Städtebund** seine Truppen. Der in der **Schlacht bei Tusculum** (1167) errungene Sieg der staufischen Kontingente unter dem Kölner Erzbischof **Rainald von Dassel** öffnete Friedrich I. dann zwar den Weg nach Rom und führte zu einer erneuten Kaiserkrönung durch den Gegenpapst nach seinen Vorstellungen, die erhoffte Absetzung Alexanders III. fand jedoch nicht statt. Nachdem der Kaiser bei seinem nächsten Italienzug eine schwere Niederlage gegen die lombardischen Städte erlitten hatte (**Legnano**, 1176), war er gezwungen, einzulenken. Im **Frieden von Venedig** (1177) versöhnte er sich mit Alexander III. und bekräftigte, zukünftig auf jegliche Einmischung bei der Papstwahl zu verzichten.

Der Friedensschluss von Venedig, dem ein Ausgleich mit den lombardischen Städten folgte, ließ Friedrich I. jetzt die Zeit, erneut als Kaiser eines aus drei Königtümern bestehenden Reiches aufzutreten. 1178 ließ er sich deshalb in **Arles** demonstrativ zum König von Burgund krönen – dies hatte vor ihm lange kein kaiserlicher Herrscher mehr getan.

Sein Verhältnis zu **Heinrich dem Löwen** hatte sich indes deutlich verschlechtert. Der Welfe, der seit dem Schiedsspruch von 1156 (*Privilegium minus*) zunächst ein wertvoller Verbündeter des Kaisers gegen die lombardischen Städte gewesen war, zeigte sich seit ca. 1175 immer weniger interessiert an den italienischen Angelegenheiten. Sein „Königreich" lag in Deutschland. Dort baute er, während seine Vasallen an der Seite des Kaisers kämpften, seine Macht immer weiter aus.

Nachdem der italienische Friede wiederhergestellt war, hatte Friedrich nun freie Hand, die für das deutsche Königtum existenzbedrohende welfische Herrschaftszusammenballung in Sachsen und Bayern zu zerschlagen. Eine Klage der sächsischen Großen gab dem Kaiser den willkommenen Anlass, Heinrich dem Löwen 1180 den **Prozess** zu machen. Als dieser jedoch nach mehreren Vorladungen nicht erschien, wurde er, wie einst sein Vater, mit dem **Bann** belegt. Zusätzlich wurden ihm durch den Kaiser und seine Standesgenossen alle Reichsbesitzungen lehnsrechtlich aberkannt. **Bayern** ging an die **Wittelsbacher**, die dort bis 1918 regierten, Sachsen wurde zwischen dem **Kölner Erzbischof** und dem **Haus Anhalt** aufgeteilt. Mit diesem Prozess konnte Friedrich I. die Macht der Welfen endgültig zerschlagen, nicht jedoch ihre Feindseligkeit gegenüber seinem Königshaus. Diese sollte im Thronstreit 1198 wieder neu belebt werden.

Nachdem nun die kaiserlichen Angelegenheiten in Deutschland geordnet waren, konnte sich Friedrich I. wieder **Italien** zuwenden. Im Jahre 1186 gelang dem Staufer dort ein glänzender machtpolitischer Erfolg: Er verheiratete seinen Sohn Heinrich mit der Erbin des **normannischen Königreichs von Neapel und Sizilien**. Der Ausweitung der staufischen Herrschaft in Süditalien waren nun die Türen geöffnet.

Barbarossa und seine Söhne Heinrich VI. und Friedrich.

Friedrich Barbarossa befand sich damit auf dem Höhepunkt seiner Macht. Sein Imperium war nicht nur eine große politische Schöpfung, sondern auch ein glänzendes ideologisches Werk. Die **Reichsidee** Friedrichs beinhaltete sowohl universalistisch-römisches als auch karolingisches Gedankengut. Beide Pole wurden bei ihm zu einer neuen Harmonie vereinigt. Sein Königtum sollte nach göttlichem Recht möglichst unabhängig von der Kirche sein. Diese Gottunmittelbarkeit führte er häufig auf römisches Kaiserrecht zurück, das für ein solches Konzept zahlreiche Begründungen lieferte. Die verlorene Sakralität des Reiches musste nun aber kompensiert werden. Barbarossa weihte es deshalb mit einem neuen Heiligen: Karl dem Großen, den er 1165 von seinem Papst (dem Gegenpapst) kanonisieren ließ. Seit der Erhebung der Gebeine des Karolingers in Aachen wurde das Reich dann auch folgerichtig als *Sacrum Imperium*, **Heiliges Reich**, bezeichnet.

Heinrich VI. (1190–1197)

Friedrich Barbarossa starb auf dem dritten Kreuzzug 1190. Sein Sohn Heinrich übernahm die Herrschaft und empfing ein Jahr später die Kaiserkrone. Ihm stand als Papst der fünfundachtzigjährige, denkbar nachgiebige Cölestin III. gegenüber. Die Schwäche des Kirchenoberhaupts ausnützend, zog der Staufer, trotz des päpstlichen Verbots nach Süditalien, um dort sein Erbe anzutreten und ließ sich nach dem Tod eines einheimischen Konkurrenten 1194 in Palermo zum **sizilischen König** krönen. Damit hatte er nicht nur eines der bestorganisierten, reichsten Länder des Abendlandes in seine Hand gebracht, es war ihm auch gelungen, den Kirchenstaat territorial zu „umklammern“ und so das Papsttum in seiner Unabhängigkeit stark einzuschränken. Den Plan, sein nunmehr aus vier Königreichen bestehendes Imperium erblich zu machen und dem staufischen Haus zu erhalten, konnte der Kaiser aber nicht durchsetzen. Kurz bevor er 1196 starb, ließ er seinen zweijährigen Sohn Friedrich zwar noch zum deutschen König wählen, aber es sollte sich zeigen, dass die Opposition im Reich zu stark war, um dynastischen Tendenzen auf Dauer Raum zu lassen.

Heinrich VI. hatte eine ungeheure Macht in seiner Hand vereinigt. Bei seinem Tod jedoch traten im Reich wie nie zuvor die auseinander strebenden politischen Kräfte zutage. So sank das Imperium während der Minderjährigkeit seines Sohnes zu nie da gewesener Schwäche herab. Gleichzeitig Zeit wurde **Innocenz III.**, einer der brillantesten Kirchenmänner des Mittelalters, Papst.

Der deutsche Thronstreit

Die Doppelwahl Philipps von Schwaben und Ottos von Braunschweig

Nach dem Tod Heinrichs VI. (1197) hatte die Kaiserwitwe Konstanze die Vormundschaft ihres minderjährigen Sohnes Friedrich dem Papst übertragen. Sie wollte mit dieser Maßnahme die Rechte des jungen Staufers auf den sizilischen Thron sichern. In Deutschland ließ sich **Philipp von Schwaben**, der Bruder des verstorbenen Kaisers Heinrich, als Stellvertreter Friedrichs die Leitung des Reichs übertragen. Gegen die Kandidatur des Staufers aber erhoben sich all jene, die das traditionelle Wahlprinzip gegenüber den Erbreichsansprüchen der Kaiserfamilie zur Geltung bringen wollten – allen voran der Kölner Erzbischof. Mit finanzieller Unterstützung der englischen Krone mobilisierte er die welfische Opposition und ließ einen Sohn Heinrichs des Löwen, **Otto von Braunschweig**, zum Gegenkönig wählen. Als Folge dieser **Doppelwahl** wurde das deutsche Königreich zehn Jahre lang von kriegerischen Auseinandersetzungen erschüttert.

Beide Thronanwärter versuchten während dieser Streitigkeiten das Papsttum auf ihre Seite zu ziehen, um sich durch den Erhalt der Kaiserkrone gegenüber ihrem Konkurrenten zu legitimieren. Dadurch geriet Innocenz III. in eine Schiedsrichterposition. Aus Angst vor einer staufischen Umklammerung des Kirchenstaates trat er auf die Seite Ottos und erklärte öffentlich, dass bei der Besetzung des deutschen Thrones im Streitfall die Entscheidung des Papstes den Ausschlag gebe.

Aufstieg und Untergang Ottos IV. von Braunschweig

Der gewaltsame **Tod Philipps von Schwaben** (1208) brachte eine vorläufige Lösung des Konflikts. Otto, als einziger Kandidat, wurde nun nach äußerst großzügigen Zugeständnissen an den Papst zum **Kaiser** gekrönt.

Kaum war der Braunschweiger aber im Besitz aller imperialen Machtmittel, beanspruchte er die Herrschaft über die ehemaligen Reichsgebiete in Süditalien. Als er seine Macht militärisch ausbaute, exkommunizierte ihn Innocenz III. Dies kam einer politischen Kehrtwendung gleich. Der Papst, von den italienischen

Ambitionen des Welfen enttäuscht, wandte sich nun wieder den Staufern zu. Die **Exkommunikation** Ottos war auch für viele deutsche Fürsten der entscheidende Anlass, sich vom Kaiser loszusagen. Mit Unterstützung Innocenz' III. wählte ein Teil von ihnen den bis dahin in Italien lebenden jungen Sohn Heinrichs VI., **Friedrich (II.)**, zum deutschen König (1212).

Dank französischer Hilfe und zahlreicher Konzessionen an die Fürsten baute der Staufer seine Herrschaft in Deutschland schnell aus und wurde damit zu einer wachsenden Gefahr für den gebannten Welfen. Um gegen die Verbündeten Friedrichs eine militärische Entscheidung herbeizuführen, entschloss sich Otto, in den französisch-englischen Krieg einzugreifen und zog auf der Seite Johanns ohne Land gegen Philipp II. von Frankreich. Auf dem Schlachtfeld von **Bouvines**, unweit von Lille, wurde er besiegt und musste den Staufern – da diese Niederlage auch als Gottesurteil aufgefasst wurde – endgültig die deutsche Krone überlassen.

Folgen des Thronstreits

Innocenz III. hatte als Gegenleistung für die Unterstützung seines ehemaligen Mündels Friedrich zahlreiche **Kirchenfreiheiten** und päpstliche Rechte erhalten, konnte also durch seinen Eingriff in den deutschen Thronstreit die politische Unabhängigkeit des Papsttums deutlich steigern.

Aber auch für die Verfassung des deutschen Königtums hatte der Konflikt an der Spitze des Reiches bleibende Folgen. Bis 1198 war jede **Königswahl** vom **Geblütsrecht** mitbestimmt gewesen. Hatte ein Herrscher einen regierungsfähigen Sohn, den er als Nachfolger designierte, wurde dieser in fast allen Fällen durch Wahl bestätigt. Es herrschte ein Gleichgewicht zwischen dem **Wahlrecht** der Fürsten und dem **Erbrecht** der Königssippe.

Heinrich VI. hatte den dynastischen Anspruch seines Geschlechts bis aufs Höchste gesteigert. Nach seinen Vorstellungen sollte nun nicht mehr allein die männliche Nachkommenschaft des deutschen Kaisers erbberechtigt sein, sondern auch alle Seitenlinien der herrschenden Dynastie. Er ging sogar so weit, die Taufe eines potenziellen Nachfolgers mit der Königssalbung zu verbinden. Das hätte den völligen Ausschluss der Fürsten in der Sukzessionsfrage bedeutet.

Die Wahl Ottos von Braunschweig von 1198 ist also zunächst als Reaktion auf den **Erbreichsplan** Heinrichs VI. zu verstehen. Durch seine Erhebung zum deutschen König wollte man die Staufer vom Thron fernhalten und das Wahlrecht der Fürsten erneut in den Vordergrund rücken. Als sich dann der Papst als Schiedsrichter in den Thronstreit einmischte und seinen Anspruch auf Bestätigung des erwählten Kandidaten erhob, war es nur konsequent, wenn sich verschiedene Wähler nun auch von ihm distanzierten und erneut zu staufischen Parteigängern wurden. Dieses Verhalten zeigt nochmals deutlich, dass sich der Konflikt von 1198 nicht primär aus dem Gegensatz zwischen Staufern und Welfen herleitete – wenn er auch von ihm begünstigt wurde, sondern vor allem konstitutionelle Hintergründe hatte.

Die Verhandlungen um die Nachfolge Heinrichs VI. wurden nämlich maßgeblich von einem kleinen Stab von Fürsten bestimmt, der sich schon einige Zeit vorher in besonderer Weise an den Staatsgeschäften beteiligt hatte. Seit dem Urteilsspruch gegen Heinrich den Löwen (1180) war er als geschlossener **Reichsfürstenstand** erschienen und trat nun während des Thronstreites zum ersten Mal als Kreis derer hervor, denen in besonderer Weise die Wahl des Königs zukam. Der in den Jahren 1198–1215 ausgefochtene Kampf um das Wahlrecht stand also auch in verfassungsgeschichtlicher Hinsicht in engem Zusammenhang mit der Ausbildung eines gesonderten **Kurfürstenstandes** innerhalb des deutschen Königreiches.

Das Imperium Friedrichs II.

Sizilien als Zentrum des Reichs

Der Thronstreit endete 1215 mit der Erhebung Friedrichs II. (1215–1250) in Aachen. Der neue Anwärter auf das Imperium weilte nur wenige Jahre in Deutschland. Die meiste Zeit verbrachte der unter normannischem, arabischem und byzantinisch-griechischem Einfluss in Sizilien aufgewachsene Nachfahre eines deutschen Kaisers – der als Mündel am päpstlichen Hof gelebt hatte – südlich der Alpen. Da Deutschland und Sizilien nach dem Willen des Papsttums nicht in Personalunion regiert werden sollten, ließ Friedrich II. seinen minderjährigen Sohn **Heinrich (VII.)** bereits vor seiner Kaiserkrönung zum deutschen König wählen und übergab die Regentschaft dem Erzbischof von Köln. Er selbst regierte das Reich – dessen Zentrum sich in seiner Zeit weit nach Süden verschob – zunächst vorwiegend von Sizilien aus. Diesem Königtum verschaffte er, auf normannischer Tradition aufbauend, äußerst modern anmutende **Staatsstrukturen** mit einer umfangreichen Beamtenschaft, einem zentralisierten Burgensystem, einer eigenen Flotte und schließlich sogar einer Universität, die ihm die nötigen Fachkräfte für die Verwaltung liefern sollte.

Der weitere Horizont der Reichspolitik Friedrichs II. war Rom, die Stadt, in der einst die antike Kaisermacht ihren Ursprung hatte. Sie sollte Zentrum eines neuen Imperiums werden, das der Staufer als festes Staatswesen ebenso zentralistisch regieren wollte wie zuvor schon Sizilien. Sein Projekt sah einen nie da gewesenen Machtzuwachs für das mittelalterliche Kaisertum vor.

Kaiserlicher Zentralismus gegen städtische und fürstliche Unabhängigkeit
In der politischen Praxis hatte Friedrich II. früh erfahren müssen, wie schwer sich eine zentralistische Politik auf der Ebene des Gesamtreichs durchsetzen ließ. Schon die Herrschaftsteilung zwischen dem Kaiser und seinem Sohn, dem deutschen König, war ein Zugeständnis in Richtung einer Dezentralisierung der kaiserlichen Macht. Des Weiteren waren auch weder die Fürsten in Deutschland noch die mächtigen Städte in Norditalien bereit, ihre während des Thronstreits gewonnene Unabhängigkeit preiszugeben. Und auch das Papsttum schließlich, das seinem Herrschaftsgebiet in Mittelitalien seit Beginn des 13. Jahrhunderts staatliche Formen gegeben hatte, konnte den Plan einer administrativen Vereinnahmung seiner traditionellen Einflusssphäre durch den Kaiser nicht einfach hinnehmen. Im Gegenteil versuchte es ja selbst, alle vorhandenen Mächte des Abendlandes durch Lehnsbeziehungen direkt an sich zu binden.

Da sich der Staufer innerhalb seines riesigen Gesamtreiches nicht überall gegen alle aufstrebenden **Territorialgewalten** und gleichzeitig gegen das **Papsttum** durchsetzen konnte, ging er bei der Ausführung seiner **Zentralisierungspläne** schrittweise vor. Er versuchte, die Einschränkung einer Macht stets durch Zugeständnisse an die andere auszugleichen. Als er am Anfang seiner Regierungszeit damit begann, seine Herrschaft in Sizilien aufzubauen, brauchte er in Deutschland und gegenüber dem Papsttum Ruhe, deshalb sprach er den deutschen geistlichen Reichsfürsten im Jahr 1220 wichtige Vorrechte zu und bekräftigte gegenüber dem Papst seine Kreuzzugsabsichten. Bevor er 1231 mit seinen **Konstitutionen von Melfi** die kaiserliche Justiz und Verwaltung in Italien straffte, beendete er einen lange währenden Streit mit dem Papst und erteilte nun den deutschen weltlichen Fürsten wichtige Privilegien hinsichtlich ihrer territorialen Unabhängigkeit.

Das Gleichgewicht der Kräfte innerhalb seines Reiches konnte zuweilen aber nur unter schwierigen Bedingungen erreicht werden – besonders seit zwischen Friedrich II. und seinem Sohn, dem deutschen König, Spannungen aufgetreten waren. Diese spitzten sich zu Beginn der 30er-Jahre des 13. Jahrhunderts zu und erreichten schließlich ihren Höhepunkt, als Heinrich (VII.) beschloss, mit den lombardischen Städten gegen den Kaiser zu paktieren. Da diese Allianz das Kräfteverhältnis im Reich stark zu Ungunsten des Kaisertums verschob, griff Friedrich II. hart durch: In Italien führte er einen Kriegszug gegen seine lombardischen Widersacher, in Deutschland bekräftigte er das kaiserliche Gewaltmonopol durch den so genannten **Mainzer Landfrieden** und setzte seinen Sohn als deutschen König ab (1235).

Der Kampf mit dem Papsttum

Als die lombardischen Städte 1237 in der **Schlacht von Cortenuova** unterlagen, wandte sich der Kaiser erneut seinem Machtausbau in Mittelitalien zu. Sein Ziel war vermutlich die Vereinigung Italiens unter Einschluss Roms.

Da dieser Plan aber die Existenz des Kirchenstaates unmittelbar infrage stellte, beschwor er den schärfsten Widerstand des Papsttums herauf. Unter Mobilisierung aller Kräfte kam es zu einem Kampf, der nicht nur mit militärischen, sondern auch mit schärfsten propagandistischen Mitteln geführt wurde. Ganz Italien wurde im Verlauf dieses Konflikts in zwei Lager gespalten: in kaisertreue **Ghibellinen** (die Bezeichnung ist abgeleitet von dem Namen des staufischen Stammschlosses Waiblingen) und in papsttreue **Guelfen** (genannt nach den welfischen Gegnern des schwäbischen Herrscherhauses). Als Friedrich II. schließlich begann, Rom militärisch einzukreisen, begab sich der Papst unter französischen Schutz und berief in **Lyon** ein allgemeines Konzil ein, auf dem der Kaiser für abgesetzt erklärt wurde (1245). Wenn mit diesem Synodalbeschluss auch der päpstliche Hierokratieanspruch sehr deutlich zum Ausdruck kam, darf dabei aber der Gegensatz zwischen päpstlicher Theorie und politischer Wirklichkeit nicht übersehen werden. Trotz aller Bemühungen nämlich verfügte das Papsttum nicht über die notwendigen Mittel, die Macht der Staufer endgültig zu brechen. Nur in Deutschland, wo seit 1237 **Konrad IV.** regierte, kam es zur Wahl der **Gegenkönige** Heinrich Raspe von Thüringen (1246–1247) und Wilhelm von Holland (1248–1256).

Das „Weltreich" Friedrichs II.

Die Herrschaftsbildung Friedrichs II. wird häufig als Welt- oder Universalreich bezeichnet. Diese Ausdrücke rechtfertigen sich allerdings nur zum Teil. Führt man sie an, geht man dabei zumeist von dem weit gespannten Reichskonzept des Staufers aus. Auch die Summe der unter seinem Reich zusammengefassten Königtümer spricht für ihre Anwendung. Nachdem der Kaiser durch Heirat und Kreuzzug 1229 die **Krone Jerusalems** errungen hatte, war er Herr über insgesamt fünf souveräne Herrschaftsgebiete. Wenn das Projekt, seinen Sohn Enzio zum König von Sardinien zu machen, nicht am Widerstand des Papsttums gescheitert und die Erhebung Österreichs zum Königtum gelungen wäre, hätten es sogar sieben sein können. Das Weltreich Friedrichs II. blieb trotz allem eher ein Anspruch, der sich aus dem Konzept seiner weltlichen Oberherrschaft über die Christenheit ergab. Diese Forderung wiederum war fast ebenso alt wie das mittelalterliche Kaiserreich selbst, wurde aber während der schweren Auseinandersetzungen mit dem Papsttum deutlicher als zuvor formuliert und zum Teil auch übersteigert.

Betrachtet man die **tatsächliche Machtfülle des Staufers**, erhält man den Eindruck einer sehr ungleichen Entfaltung der kaiserlichen Herrschaft je nach Bereich. Unbestritten ist, dass Friedrich II. seine Machtausübung in Sizilien und Italien mit den Mitteln seiner Zeit intensiviert und vor allem rationalisiert hat. Andererseits vernachlässigte er aber die Monarchie in Deutschland. Hier bestimmten weitgehend die Reichsfürsten die Politik und nahmen auch in verschiedenen Fällen außenpolitische Aufgaben war. Da sich Friedrich in seinem politischen Handeln auf Italien konzentrierte, blieben die westlichen Monarchien nahezu ohne kaiserlichen Einfluss und konnten im Schatten des universalen Reichskonzepts Friedrichs II. starke staatliche Strukturen aufbauen.

Das Castel del Monte in Apulien, erbaut um 1240, entstand im Auftrag Kaiser Friedrichs II. Von einer Zisterne gelangte fließendes Wasser über ein Röhrensystem in Bäder und Toiletten. Friedrich II. auf dem Thron mit seinem Falken. Die Buchmalerei stammt aus dem Falkenbuch, das der Kaiser selbst verfasste: „Über die Kunst, mit Vögeln zu jagen“.

Das Spätmittelalter

Der Aufstieg neuer Mächte

Die staufische Herrschaft in Italien und Deutschland brach nach dem Tod Friedrichs II. nicht sofort zusammen, jedoch setzten sich nun endgültig zentrifugale Kräfte durch. Sein Sohn **Konrad IV.** (1227–1254) hatte sich in **Deutschland** zwar gegenüber den Gegenkönigen Heinrich Raspe und Wilhelm von Holland behauptet, starb aber zu früh, um seine Herrschaft auch in Italien durchzusetzen.

Anjou, Aragon und Kastilien im Mittelmeerraum

In **Sizilien** konnte sich **Manfred**, ein unehelicher Sohn Friedrichs II., zunächst halten, wurde jedoch dann Opfer der päpstlichen Machtpolitik. Rom hatte sich entschlossen, den Süden Italiens einer neuen Königsdynastie zu öffnen und appellierte an den Bruder des französischen Königs, **Karl von Anjou**, den Kampf gegen die verhassten Staufer aufzunehmen. Nachdem Karl dem Papst den Lehnseid für den sizilischen Thron geleistet hatte, nahm er den Kampf gegen die schwäbische Dynastie auf: Manfred wurde in der Schlacht von Benevent (1266) besiegt und der letzte Staufer, **Konradin**, 1268 nach der Schlacht von Tagliacozzo auf dem Marktplatz von Neapel hingerichtet.

Der ehrgeizige Plan Karls von Anjou, sich von Sizilien aus zum Herrn eines mittelländischen Reiches zu machen, schlug jedoch fehl. Einerseits endete der von ihm als Kreuzzug geführte Kampf gegen Byzanz mit einer militärischen Niederlage, andererseits erhob sich das sizilische Volk gegen sein hartes Regiment. Am Abend des Ostermontags 1282 wurde die Mehrzahl aller Franzosen, die sich in dem süditalienischen Reich aufhielten, vertrieben oder massakriert („**Sizilianische Vesper**"). Zum Nachfolger erkoren die Aufständischen, ohne sich die Zustimmung des Papstes einzuholen, **Peter III. von Aragon**.

Aragon gehörte neben **Kastilien** und Portugal zu den drei großen Königreichen, die sich nach der Reconquista auf der iberischen Halbinsel herausgebildet hatten. Während Portugal sich zu einer Seemacht entwickelte und kaum in das europäische Geschehen eingriff, machten Aragon und Kastilien ihren Einfluss auch östlich der Pyrenäen geltend. Da die Könige Kastiliens ihre Macht wie Aragon ebenfalls am Mittelmeer ausbauen wollten, kam es 1256 zu der Bewerbung Alfons' X. von Kastilien um die deutsche Königskrone. Diese sollte ihm, als Enkel Philipps von Schwaben, den Zugriff auf das staufische Sizilien erleichtern.

Frankreich und England

Seinen Einfluss auf die Kurie hatte Karl von Anjou nicht nur dazu genutzt, um seine politischen Bestrebungen im Mittelmeerraum voranzutreiben, sondern auch um den französischen Einfluss innerhalb des Kardinalskollegiums zu stärken. So kam es unter König **Ludwig IX.** „dem Heiligen" (1226–1270) zu einer unmittelbaren Annäherung Roms an Frankreich.

Die französischen Monarchen sahen sich als legitime Nachfolger der Karolinger und ließen sich wie diese salben. Der königliche Weiheakt verlieh dem Souverän religiösen Charakter und war Ausdruck seiner direkten göttlichen Sendung. Wie die Rechtsgelehrten Ludwigs IX. es später ausdrückten, waren Frankreichs Könige „Kaiser innerhalb ihres Königreiches".

Ludwig IX. gehörte aufgrund seiner umfassenden Reformen zu den wichtigsten Gestaltern des französischen Staates. Weil er perfekt die vorherrschenden christlichen Ideale verkörperte, machte ihn die Kirche zu einem Vorbild für andere Herrscher. Die schnelle Vorbereitung seiner Kanonisation, schon kurz nach seinem Tod (1270), war ein deutliches Zeichen für eine Neuorientierung des Papsttums. Während die Päpste bislang dem Kaiser die Rolle des Vorkämpfers für das Christentum und des Beschützers der Kirche zugeschrieben hatten, erteilten sie diese Aufgabe jetzt zunehmend den französischen Königen.

Durch die Erfolge Ludwigs IX. war die **englische Krone** in den Schatten der französischen geraten. Politisch hatten die **Plantagenets**, die nicht nur über England, sondern auch entlang der kontinentalen Atlantikküste herrschten, ein riesiges Gebiet vereinigt, gegenüber den Kapetingern in Frankreich aber immer wieder Niederlagen hinnehmen müssen. Die Erhebung Richards von Cornwall zum deutschen König (1257, gegen Alfons von Kastilien) bot ihnen nicht nur die Möglichkeit, das französische Königtum von Westen und Osten her politisch zu umschließen, die Kaiserkrone sollte es ihnen auch ermöglichen, zu höheren sakralen Würden zu gelangen.

Die steigende Macht der Territorialherren und Städte

Die Wahl Alfons' von Kastilien und Richards von Cornwall auf den deutschen Thron ist bezeichnend für die politischen Verhältnisse in **Deutschland**. Dort war es den drei rheinischen Erzbischöfen immer wieder gelungen, bei der Königswahl Kandidaten ins Spiel zu bringen, die nicht dem deutschen Reichsfürstenstand angehörten. Da diese mit ihrer Bewerbung im Allgemeinen imperiale Ziele verfolgten und in Deutschland nur wenig präsent waren, konnten die **Territorialmächte** hier ihre **Landeshoheit** immer stärker ausbauen. Diese Entwicklung war für das Papsttum nicht in jeder Hinsicht wünschenswert. Mit dem Niedergang des einen Imperiums hatten sich zahlreiche neue Souveräne erhoben, die sich nun wie früher der Kaiser allen Einmischungen in ihre Staatsangelegenheiten widersetzten, sich aber nicht wie er für allgemeine Aufgaben der Christenheit gewinnen ließen.

Eine ähnliche Entwicklung wie in Deutschland vollzog sich auch in den ehemaligen Reichsgebieten **Norditaliens**. Einige **Städte** hatten dort schon gegen Ende des 12. Jahrhunderts ein hohes Maß an Unabhängigkeit erreicht und auch innerhalb Europas als **Handelsmächte** wichtige Positionen eingenommen. Mit dem Untergang der Staufer waren auch sie von der kaiserlichen Oberherrschaft und Kontrolle befreit. Das Papsttum allein sollte es daher noch schwerer haben, sich der steigenden Macht der italienischen Stadtfürsten zu widersetzen und seine Freiheit, besonders in den Kirchenterritorien, zu bewahren.

Überall im Abendland wandelte sich das bisherige Verhältnis von Kirche, deutschem Kaisertum und den werdenden Nationalstaaten: der Einfluss der Universalgewalten trat zurück, während sich partikulare Kräfte durchsetzten.

Die Krise der Monarchie

Die Epoche zwischen 1250 (Tod Friedrichs II.) und 1273 (Regierungsantritt Rudolfs von Habsburg) wird in der deutschen Geschichtsschreibung häufig als **Interregnum** (Zwischenherrschaft) bezeichnet, als habe es in dieser Zeit in Deutschland keine oder zumindest keine rechtmäßige Regierung gegeben. Genau genommen geht dieser Ausdruck jedoch an den politischen Realitäten vorbei, denn immer befanden sich gewählte Könige an der Spitze des Reiches – manchmal sogar zwei. Zutreffend ist der Begriff in zwei Punkten: Keiner dieser Herrscher fand allgemeine Anerkennung und jeder von ihnen übte nur eine relativ schwache Königsmacht aus.

Konstitutionelle Veränderungen

Besonders wichtige **Abtretungen königlicher Rechte** und deren Übertragung auf herausragende Reichsfürsten vollzogen sich schon während des Thronstreits. Sie wurden durch den so genannten „Pakt mit den geistlichen Fürsten" von 1220 und durch das „Dekret zugunsten der (weltlichen) Fürsten" von 1231 sanktioniert, mit denen sich Friedrich II. Rückendeckung für seine Kaiserpolitik verschaffte.

Die seit dem Thronstreit eingetretenen **Veränderungen des Wahlrechts** machten die Monarchie andererseits auch immer mehr von dem Wahlspruch einiger weniger Fürsten abhängig. In der Mitte des 12. Jahrhunderts bildete noch eine große Masse von geistlichen und weltlichen Fürsten den Wählerkreis bei den Königswahlen. Seit Mitte des 13. Jahrhunderts dagegen nahmen nur noch sieben von ihnen, die Inhaber der traditionellen **Hofämter**, an der **Kur** teil: die Erzbischöfe von Mainz, Köln und Trier als Kanzler, der Pfalzgraf bei Rhein als Truchsess, der Herzog von Sachsen als Marschall, der Markgraf von Brandenburg als Kämmerer und der König von Böhmen als Schenk. Durch die geringe Wählerzahl stieg das Gewicht der einzelnen Stimme, weshalb sie sich nun besser als je zuvor gegen Geld einhandeln ließ. So konnten die **Kurfürsten** von nun an zum Teil immense Summen für ihre Wahl verlangen, konnten sich Privilegien ausstellen lassen, die sie weit über alle anderen Fürsten erhoben und hatten es mehr denn je in der Hand, ihr Mitbestimmungsrecht in wichtigen Staatsangelegenheiten einzufordern.

Divergierende Kräfte

Im Mittelpunkt der Reichsgeschichte wirkten in der Mitte des 13. Jahrhunderts fünf zum Teil divergierende Kräfte. Erstens der **König**, der versuchte, alle ihm verbliebenen Herrschaftsrechte so weit wie möglich auszuüben, um seine eigene Machtbasis zu erweitern und das Reich erneut politisch zu zentralisieren. Zweitens die **Territorialfürsten**, die immer sensibler auf königliche Einmischungen in ihre persönliche Machtsphäre reagierten und begannen, innerhalb ihrer Herrschaftsgebiete eigene Formen der Staatlichkeit zu entwickeln. Drittens die **Städte**, die unmittelbar in die Territorien dieser Fürsten eingegliedert waren und in der Allianz mit dem König versuchten, sich aus der Fessel der Landesherrschaft zu befreien. Viertens das **Papsttum**, das nun nicht nur ein Approbationsrecht bei den Königskandidaten forderte, sondern auch noch ein Vikariatsrecht bei Thronvakanz. Und schließlich fünftens **Mächte wie Frankreich, das Reich der Anjou, Aragon, Kastilien**, die die Schwäche der deutschen Monarchie ausnutzten und verstärkt in die Reichspolitik eingriffen. So konnte es geschehen, dass sich in der Doppelwahl von 1256/57 mit Richard von Cornwall und Alfons X. von Kastilien zwei reichsfremde Könige an die Spitze des Reiches setzten. Alfons von Kastilien blieb Deutschland immer fern, Richard von Cornwall betrat es ein einziges Mal und regierte nur auf schriftlichem Weg. Dieser Herrschaftsstil konnte den Fürsten nur recht sein, jedoch zeigte sich, dass ihre Territorien ohne eine übergreifende Reichsgewalt zum Spielball fremder Mächte werden konnten.

Die Politik Rudolfs II. von Habsburg (1273–1291)

Die Wahl Rudolfs von Habsburg – bei der auch der König von Frankreich als Gegenkandidat im Gespräch war – ist ein Zeichen der Neubesinnung. Die Kurfürsten gingen nun den traditionellen Weg, einen reichsansässigen Kandidaten zum König zu erheben. Der **Habsburger** war zwar nicht der arme Graf, zu dem man ihn manchmal machen wollte, jedoch besaß er zu Beginn seiner Regierung eine viel zu schmale Machtbasis, um sich gegen seinen stärksten Widersacher, den mächtigen König von Böhmen, langfristig durchsetzen zu können. Sein Ziel konnte es also nur sein, alte Reichsrechte dem Königtum erneut dienstbar zu machen und seinen eigenen Herrschaftsbereich so weit zu vergrößern, dass er den anderen Fürsten als konkurrenzfähige Macht gegenübertreten konnte. Dabei ging Rudolf mit äußerster Zähigkeit und militärischem Geschick vor. Bis zum Ende seiner Regierungszeit hatte er das Königtum mit seiner **Revindikationspolitik** erneut zu einer realen Größe im Kräftespiel der Fürsten gemacht. Weiterhin hatte er mit seiner **Hausmachtspolitik** zahlreiche Gebiete für die Habsburger gewonnen. Besonders **Österreich** und seine Nebenländer sicherte er auf Dauer seiner Dynastie und legte damit den Grundstein für die Ausbildung ihres späteren Großreiches.

Hausmachtpolitik und Landesherrschaft

Mit Rudolf von Habsburg begann das Zeitalter der **Hausmachtpolitiker** auf dem deutschen Thron. Man ließ sich nun zum König wählen, weil man darin eine Möglichkeit sah, das Herrschaftsgebiet des eigenen Hauses zu vergrößern. Allerdings war diese expansive Politik auch unumgänglich geworden. Aufgrund der stetigen Entfremdung von Reichsrechten durch die Fürsten waren dem König nämlich die für die Herrschaft nötigen Einnahmequellen verloren gegangen. Wollte man Königspolitik betreiben, mussten die Mittel dafür innerhalb des hauseigenen Territoriums aufgebracht werden.

Hausmachtpolitik war grundsätzlich im dünner besiedelten Osten leichter durchzuführen als im stark zergliederten Westen. So sind die Könige von Böhmen und die Habsburger relativ schnell zu weit ausgedehnten Herrschaftskomplexen gelangt. Als nun der Nachfolger Rudolfs, der rheinische Graf **Adolf von Nassau** (1291–1298) ebenfalls in diesen Bereich vordrang, wurde er schlicht seines Königsamtes enthoben. Bei dem Sturz ihres ehemaligen Kandidaten begnügten sich die Kurfürsten mit einem einfachen Richtspruch, ohne vorher eine päpstliche Exkommunion zu erwirken. Damit bahnte sich auch ein **neuer Konflikt** auf Reichsebene an: der zwischen dem Papsttum und den Kurfürsten, die beide ein Anrecht auf die Kontrolle des Königtums beanspruchten.

Der anschließende **Rückgriff** auf die mächtige Dynastie der **Habsburger** hatte sowohl außen- als auch innenpolitische Gründe. Adolf von Nassau, dessen Grafschaft in unmittelbarer Nähe zum expandierenden Frankreich lag, war in dem schwelenden Konflikt zwischen der französischen und englischen Monarchie, der später in den Hundertjährigen Krieg führen sollte, auf die

Seite Englands getreten, während die rheinischen Erzbischöfe und auch die Habsburger den Ausgleich mit Frankreich suchten. Darüber kam es zu einer Annäherung zwischen dem Sohn König Rudolfs, Albrecht, und den Kurfürsten. Innenpolitisch gingen der Erhebung des Habsburgers auch Verhandlungen um **kurfürstliche Privilegien** voraus. Diese wurden dem Mainzer Erzbischof und dem König von Böhmen zwar bestätigt, blieben aber wirkungslos. Sobald nämlich **Albrecht I.** (1298–1308) König geworden war, betrieb er eine stark zentralistische Politik. Wie sein Vater machte er die Friedenssicherung zu einer Angelegenheit des Königtums, beanspruchte also ein **königliches Gewaltmonopol**. Wie er zeigte sich Albrecht bald den Städten bald den Landesherren gegenüber als Verbündeter und versuchte Haus- und Reichsgut zu stärken.

Aber auch Persönlichkeiten wie Albrecht von Habsburg war eine wirkliche Alleinherrschaft nicht mehr möglich. Die Fürsten beanspruchten Beteiligung an wichtigen Regierungsentscheidungen, die förmlich über so genannte **Willebriefe** geschah. Die königlichen Hoftage, bei denen früher die Kronvasallen zu erscheinen hatten, wurden zu echten **Reichstagen**, an denen die Fürsten kraft eigenen Rechts und nicht mehr aus Lehnspflicht teilnahmen. Da sich im König und in den Reichstagen zwei entgegengesetzte Kräfte gegenüberstanden, verwendet man für das Deutschland des späten Mittelalters den Begriff des **dualistischen Ständestaates**: auf der einen Seite der König als Zentralmacht, auf der anderen Seite der Reichstag als Vertretung autonomer fürstlicher Landesherrschaft. Das Gewicht zwischen den beiden Institutionen verschob sich bis zur Neuzeit immer mehr zugunsten der Territorialgewalten.

Der Weg ins nationale Kaisertum

Das konstitutionelle Wahlkaisertum

Trotz aller Tendenzen der Machtaufteilung blieben aber Reichs- und Kaiseridee erhalten, mehr noch, sie wurde nun intensiver als je zuvor durchdacht und theoretisiert. Unter den Nachfolgern Albrechts I. wurde sie auch politisch in verschiedenen Formen wiederbelebt: Durch **Heinrich VII.** (1308–1313) zunächst nach dem traditionellen Vorbild des Hochmittelalters, durch **Ludwig den Bayern** (1314–1347) in Abkehr vom Papsttum und gestützt auf das „römische Volk". Immer mehr auch unterstellte sich das Kaisertum dem Wahlspruch der Kurfürsten. Schon 1338 hatte der so genannte **Kurverein zu Rense** beschlossen, dass der gewählte deutsche König keiner päpstlichen Bestätigung oder Ermächtigung mehr bedürfe. Ludwig der Bayer erließ daraufhin ein Reichsgesetz, in dem er festlegte, dass Kaisertitel und -recht allein durch die Wahl be-

Europäische Herrscher unter sich: Karl V. von Frankreich (in der Mitte) gibt anlässlich des kaiserlichen Besuchs im Januar 1378 in Paris ein Festbankett für Kaiser Karl IV. (links mit Bügelkrone) und dessen Sohn Wenzel (rechts).
Miniatur aus den „Grandes Chroniques de France" um 1375–1380.

begründet seien. Diese Idee des reinen Wahlkaisertums ging 1365 – wenn auch implizit – in eines der wichtigsten verfassungsrechtlichen Dokumente des Spätmittelalters ein: in die **Goldene Bulle Karls IV.** (1346–1378). Durch dieses **Reichsgrundgesetz** wurde das bis dahin kaum geregelte Verhältnis zwischen Wählern und König konstitutionell festgeschrieben und der von den sieben Kurfürsten gewählte Monarch gleichzeitig zum unwiderruflichen Kaiserkandidaten erklärt. Die Bestimmungen der Goldenen Bulle hatten es dennoch nicht zum Ziel, die ideelle Bindung des Kaisertums an Rom völlig aufzuheben, nur sollte der päpstliche Akt der kaiserlichen Weihe seiner konstitutiven Wirkung entkleidet werden.

Kaiser und Papst im Spätmittelalter

Wenn der Kaiser auch weiterhin als weltliches Oberhaupt der Christenheit verstanden werden wollte, musste er vom Papst als solches anerkannt werden. Nur er konnte dem König jene sakrale Würde verleihen, die er brauchte, um als höchste Autorität des Abendlandes zu gelten. Auch der Anspruch auf die Herrschaft in Reichsitalien und Burgund war an die Kaiserkrönung in Rom gebunden. Obwohl also die deutschen Könige seit Karl IV. ihr Recht einforderten, ab ihrer Wahl alle Herrschaftsrechte im Bereich des *Imperium Romanum* auszuüben, erstrebten sie weiterhin die päpstliche Weihe.

Welche konkrete politische Rolle aber sollte dem Kaiser als Oberhaupt der Christenheit noch zukommen? Aus spätmittelalterlicher Sicht war es seine Aufgabe, die Einheit der Kirche zu erhalten. Als diese aber durch das **Große Schisma** von 1378 zu zerbrechen drohte, gelang es dem römischen König nicht mehr, allgemein als Schlichter anerkannt zu werden. Erschwert wurde sein Eingreifen in die Kirchenspaltung insbesondere durch die Tatsache, dass sich der Bruch innerhalb der römischen Kirche auch im gesamten abendländischen Staatensystem fortsetzte. Da die kaiserliche Approbation eines Papstes nun auch als einseitige politische Parteinahme empfunden werden konnte, war sie nicht mehr ausreichend, einer der widerstreitenden Parteien allgemeine Anerkennung zu verschaffen. Weder **König Wenzel** (1378–1400) noch **Ruprecht von der Pfalz** (1400–1410) war es deshalb gelungen, ihren Kandidaten durchzusetzen und damit das Kirchenschisma zu beenden. Da also der Rückgriff auf die kaiserliche Autorität keine Wirkung mehr zeigte, besann man sich auf neue Wege der päpstlichen Legitimation: die Bestätigung des Kirchenoberhauptes durch ein allgemeines Konzil.

Die Frage allerdings, ob solche ökumenischen Kirchenversammlungen – womöglich vom Kaiser einberufen – sich über das Papsttum erheben und damit aus eigener Machtvollkommenheit entscheiden durften, war umstritten. Daher setzte sich die Idee des **Konziliarismus** erst durch, als keine andere Lösung mehr Erfolg versprach. **König Sigismund** (1410–1437) schien von dieser Entwicklung zunächst zu profitieren. Er trat mit den unterschiedlichen päpstlichen Parteien in Verbindung und ließ in **Konstanz** ein Konzil (1414–1418) zusammenrufen, das er seiner faktischen Leitung unterstellte. Der Versammlung gelang es zwar, drei konkurrierende Päpste abzusetzen und einem vierten zum Durchbruch zu verhelfen, aber der deutsche König erschien deshalb kaum als dem Papsttum übergeordnete Macht wie einst Heinrich III. Das Konzil trat bei der Legitimierung des Papstes vielmehr an die Stelle des Kaisertums.

Zu den traditionellen Aufgaben des römisch-deutschen Imperiums gehörte auch die **Verteidigung der Christenheit** gegen äußere Feinde. So bildete der drohende Einfall der **Osmanen** in Europa ein letztes Betätigungsfeld für universale Kaiserpolitik. Sowohl Sigismund als auch sein habsburgischer Nachfolger **Albrecht II.** (1438–1439) zogen in den Kreuzzug gegen die Türken, konnten jedoch keine Erfolge für sich verbuchen. **Friedrich III.** (1440–1493) beschränkte sich darauf, für den Kreuzzug Geld einzutreiben, beteiligte sich aber nicht persönlich an den kriegerischen Unternehmung gegen das vordringende vorderorientalische Reich.

Zu Beginn der Neuzeit erhielt der Begriff des Kaisertums einen neuen Sinn. Als der Sohn Friedrichs III., **Maximilian I.** (1493–1519), die Erbin des mächtigen burgundischen Herzogtums Karls des Kühnen heiratete, entstand eine neue europäische Staatenwelt, in der die Habsburger als zweite Großmacht gegen Frankreich auftraten und in der ein universales Kaisertum keinen Platz mehr fand. Der Kaiser büßte zudem seine Rolle als weltliches Oberhaupt der gesamten Christenheit ein, als mit der Reformation die abendländische Glaubenseinheit zerbrach. Mehr und mehr wurde sein einstmals „römisches" Kaiserreich nun als „deutsches" Reich betrachtet. Entsprechend verwendete man seit Beginn des 16. Jahrhunderts den fünfgliedrigen Titel „**Heiliges Römisches Reich deutscher Nation**".

Habsburger, Wittelsbacher und Luxemburger

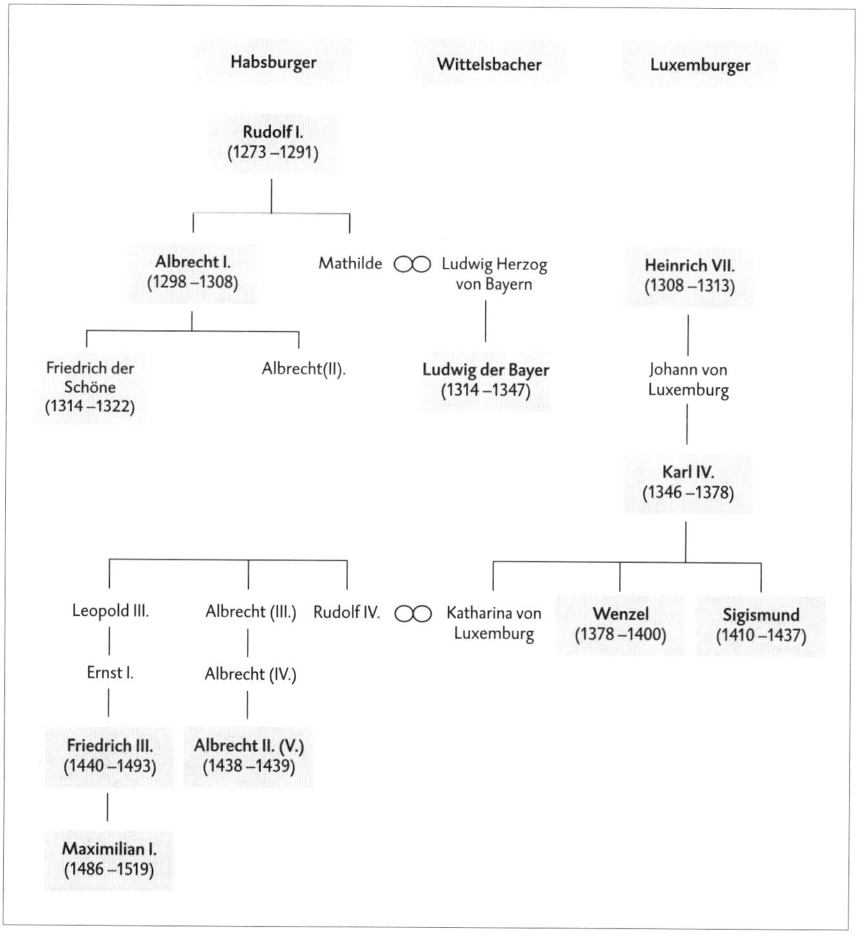

Struktureller Überblick

Schiffe der Hanse laufen in den Hamburger Hafen ein. Miniatur aus dem Hamburger Stadtrecht von 1497.

Einheit und Trennung

Die Frage nach der Einheit der abendländischen Kultur im Mittelalter

Einheit und Vielfalt – das sind die beiden Pole, zwischen denen man sich bewegt, wenn man die mittelalterlich-abendländische Kultur zu charakterisieren versucht. Einerseits eine einheitlich agrarisch bestimmte feudale Welt, andererseits vielfältige regionale Erscheinungsformen des selben Phänomens, hier stark ausgeprägter Kollektivismus, dort Eigengesetzlichkeit und Individualismus, mal religiöse Zersplitterung mal christlicher Zentralismus, bald kaiserlicher Universalismus bald nationale Begrenzung.

Verallgemeinernd könnte man die abendländisch-mittelalterliche Geschichte als ein Gegeneinander einiger integrativer und vieler differenzierender Kräfte beschreiben. Betrachtet man das Mittelalter als gesamteuropäische Tatsache, stellen sich **drei einende Elemente** als besonders dominant heraus: das west-römische Erbe, das Germanentum und das katholische Christentum.

Das römische Erbe

Die wichtigsten Hinterlassenschaften Roms an das Mittelalter waren das Recht, die lateinische Sprache und das Kaisertum. Das **Recht** der römischen Antike wurde unter dem oströmischen Kaiser Justinian (527–565 n. Chr.) im *Corpus juris Civilis* zusammengefasst. Es verbreitete sich durch diese Sammlung schrittweise über ganz Europa und verdrängte älteres Stammesrecht.

Wie das römische Recht hatte auch die römische Sprache großen Einfluss auf die mittelalterliche Welt. **Latein** war das Kommunikationsmittel der Kirche, des Papsttums und der Konzilien, aber auch der Regierungen und Diplomaten. Überall im Abendland blieb es bis über das Mittelalter hinaus vereinigende, von regionalen Einfärbungen weitgehend freie Amtssprache.

Auch das mittelalterliche **Kaisertum** wurde als direktes römisches Erbe aufgefasst. Aufgrund der **Translationslehre** nach der sich die göttlich legitimierte Herrschaft von den Babyloniern ausgehend über die Römer und Franken auf die Deutschen übertragen habe, konnte sich der römisch-deutsche Kaiser als Nachfolger der antiken Imperatoren betrachten.

Das germanische Erbe

Das Germanentum stellte die zweite einigende Wirkkraft für die Herausbildung gemeinsamer mittelalterlicher Gesellschaftsstrukturen dar. Durch die Völkerwanderung entstand ein neuer, von der oströmischen und später der islamischen Welt abgegrenzter Kulturraum. In ihm vollzog sich – je nach Region in unterschiedlichem Rhythmus – ein mehr oder weniger rascher Niedergang des spätantiken Städtewesens und eine **Agrarisierung** der Wirtschaft. **Grundherrschaft**, **Gefolgschaft** und **Lehnswesen** wurden in der gesamten westlichen Welt zu den bestimmenden Faktoren allen menschlichen Miteinanders.

Das katholische Christentum

Das katholische Christentum als dritte integrative Kraft, geht wieder auf die Antike zurück. Die christliche **Glaubensgemeinschaft** entwickelte sich vor allem von den frühchristlichen Bischofssitzen aus und besaß zunächst eine ähnliche Organisationsstruktur wie das römische Reich. Die Kaiserstadt Rom wurde Hauptsitz der Christenheit, ihr untergeordnet folgten Provinzhauptstädte als Bischofssitze. Wichtige Niederlassungen römischer Macht waren zumeist auch bedeutende Kirchenzentren des Mittelalters. Innerhalb des lateinischen Christentums verzweigte und straffte die Kirche ihre Organisationsstruktur und machte ihren Einfluss in administrativer, fiskalischer und seelsorgerischer Hinsicht über alle Grenzen hinweg geltend. Überdies besaß sie große Einflussmöglichkeiten auf das Netz der verschiedenen Klosterkongregationen. Kirchliche **Glaubensdoktrinen** schlugen sich nicht nur in gemeinsamen religiösen Lebensformen nieder, sondern auch in einer für ganz Europa gültigen **Ethik** und **Moral**. Trotz der Vielfalt der Völker und der politischen Institutionen konnte sich so eine relativ homogene Kultur über den gesamten mittelalterlich-abendländischen Kontinent hinweg entwickeln.

Kulturelle Trennlinien innerhalb Europas

Die Begriffe **Abendland** und **Europa** werden häufig deckungsgleich benutzt. Während mit Abendland in erster Linie ein **kultureller Raum** gemeint ist, bezeichnet Europa eher einen **geopolitischen Raum**. Das mittelalterliche Abendland wird zumeist gleichgesetzt mit dem von der römischen Papstkirche und dem lateinischen Christentum eingenommenen Kulturbereich. Der Begriff Europa dagegen beinhaltete auch den islamischen Teil Spaniens, die heidnisch-slawischen Gebiete und Teile des griechisch-orthodoxen Balkans.

Das „lateinische" und „griechische" Europa

Eine erste kulturelle Trennung der mittelalterlichen Staatenwelt war durch die römische Reichsteilung im 4. und den Untergang des weströmischen Reiches am Ende des 5. Jahrhunderts vorgezeichnet. Nach der schrittweisen Germanisierung des lateinischen Westens und der anschließenden Errichtung eines zweiten Kaisertums lösten sich die Bindungen zum griechischen Osten. Während sich im Abendland der Dualismus von weltlicher und geistlicher Gewalt entwickelte, verharrte der Orient in einem strengen Zentralismus, in dem der Kaiser gleichzeitig Herr über beide Sphären war.

Im Westen war der relativ unabhängige Bischof von Rom die religiös bestimmende Macht, im Osten waren es zunächst die vom Kaisertum abhängigen Patriarchen von Konstantinopel, Alexandrien, Antiocheia und Jerusalem. Letztere drei verloren aber ihren Einfluss nach den arabischen Eroberungen im vorderen Orient und Nordafrika, womit Konstantinopel als einziges der alten Patriarchate übrig blieb. Zahlreiche dogmatische und kirchenpolitische Konflikte bestimmten das Verhältnis zwischen West und Ost. Ihren Höhepunkt fanden sie 1054 als sich der Papst und der Patriarch gegenseitig exkommunizierten (**Morgenländisches Schisma**). Seither wurden die griechischen Christen, **die Orthodoxen**, von den **Lateinern** als Schismatiker betrachtet. Die durch **zwei Kaiserreiche** politisch ohnehin schon gespaltene christliche Welt zerfiel damit zudem in **zwei Konfessionen**. Auch die seit Ende des 11. Jahrhunderts einsetzende Kreuzzugsbewegung brachte Grund für Konflikte. Immer wieder zogen katholische Truppen plündernd durch byzantinisches Herrschaftsgebiet, eroberten 1204 sogar das christliche Konstantinopel statt Jerusalem zu befreien und errichteten dort ein lateinisches Kaiserreich und Patriarchat. Dieses bestand zwar bis 1261, wurde jedoch von der Ostkirche als inakzeptabler politischer Fremdkörper auf orthodoxem Gebiet betrachtet. Unionsverhandlungen zwischen dem lateinischen Okzident und dem griechischen Orient gab es dann zwar immer wieder, sie gelangten jedoch erst zum Durchbruch, als es schon zu spät war, nämlich ein Jahr vor der Einnahme Konstantinopels durch die Osmanen (1452).

Die **slawischen Länder** unterstanden seit frühester Zeit den wechselnden Wirkungen der beiden Kirchen. Sowohl seitens des lateinischen Christentums als auch von der griechischen Orthodoxie ausgehend, wurden hier **Missionsversuche** unternommen, bei denen es auch um die Schaffung politischer Einflusssphären ging. Seitdem der Merowinger Chlodwig zum katholischen Glauben übergetreten war, der dann im Rahmen der karolingischen Reichsbildung bis weit nach Osten getragen wurde, fand das lateinische Abendland entlang der Marken Karls des Großen seine vorläufigen Grenzen. Böhmen,

Polen und Ungarn wurden dann vom Westen aus missioniert, während das Bekehrungswerk der beiden Priester **Cyrillus** (das von ihm benutzte Alphabet lebt heute in der „kyrillischen“ Schrift weiter) und **Methodius** zur kirchlichen Integration eines Teils der Südslawen in den byzantinischen Bereich führte. Die Eroberung des Balkans durch die Osmanen im Spätmittelalter hatte schließlich die Ausbreitung einer dritten Religion in diesem Raum zur Folge. Noch heute sind dort Katholizismus, Orthodoxie und Islam mosaikhaft verteilt.

Das christliche und islamische Europa

Schon viel früher jedoch war Europa in eine Zone islamischen und christlichen Einflusses zerfallen. Nachdem die Araber Ende des 7. Jahrhunderts in schnellen Kriegszügen das byzantinische nördliche Afrika erobert und auch die christlichen Berber zu Beginn des 8. Jahrhunderts besiegt hatten, überquerten sie 710 die Meerenge von Gibraltar. Wenige Jahrzehnte später war die gesamte **iberische Halbinsel**, mit Ausnahme einiger christlicher Enklaven, ein islamisches Reich. Besonders im Norden aber organisierte sich der Widerstand gegen die arabische Herrschaft. Hier entwickelten sich auch kleine christliche Staaten, von denen später die **Reconquista** ausging.

Die christliche Rückeroberung Spaniens vollzog sich zunächst nicht einheitlich und durchgängig, erhielt aber im Rahmen der Kreuzzugsbewegung und durch die Aktionen der spanischen Ritterorden neue Dynamik. Das beständige Vordringen der Christen endete dann zunächst mit der Schlacht von **Las Navas de Tolosa** (1212). Das andalusische Königreich von **Granada** aber bestand bis 1492 weiter.

Die **Araber** waren große Kulturschöpfer und -vermittler. Besonders durch ihre Beiträge in der Mathematik, der Philosophie und der Medizin bestimmten sie nachhaltig das abendländische Denken und Wissen. Viele griechische Autoren, wie Aristoteles, wurden im Westen erst durch Übersetzungen aus dem Arabischen bekannt. Auch im Kunsthandwerk, der Baukunst, der Landwirtschaft und der Seefahrt waren sie dem restlichen Europa weit überlegen.

Trennlinien innerhalb des lateinisch-christlichen Europas

Bewegt man sich ins Zentrum des lateinisch-christlichen Europas, werden auch hier kulturelle Grenzen sichtbar. Zunächst zwischen dem stark **romanisierten Westen** und dem **germanisch geprägten Osten**. Innerhalb der Romania dann die Trennlinie zwischen dem italienischen, okzitanischen und französischen Bereich, im germanischen Nordosten die zwischen dem ostfränkisch-deutschen und dem skandinavischen Raum und schließlich auch die Grenze zwischen der keltischen und angelsächsischen Sphäre im Nordwesten. Schon diese oberflächliche, schematische Darstellung zeigt, dass sich im Mittelalter keine Europa umschließende Einheitskultur gebildet hat. Dennoch bestanden schon seit dieser Epoche innerhalb der skizzierten Vielfalt zahlreiche Verbindungen zwischen den einzelnen Kulturbereichen. Da diese sich intensivierten, kann man von einer Europäisierung der mittelalterlichen Staatenwelt sprechen.

Mechanismen der Eingliederung und des Ausschlusses

Auffällig ist, dass es innerhalb eines relativ kurzen Zeitabschnitts – vom Ende des 11. bis zur Mitte des 12. Jahrhunderts – sukzessive zum Ausbruch der **Kreuzzugsbewegung**, zu den ersten massiven **Judenverfolgungen** und zu den ersten **Ketzerverbrennungen** kam. Heiden, Juden und Häretiker hatte man in dieser Zeit zu den Feinden der Christenheit erklärt. Während bei der Ketzerei eine innere Grenzlinie zwischen rechtem und schlechtem Glauben gezogen wurde, diente die Polemik gegen Juden und Mohammedaner zur äußeren Abgrenzung der christlichen von der nichtchristlichen Welt.

Der Islam als äußerer Feind der Christenheit

Eine Verschmelzung der Ideen der **Wallfahrt**, des **heiligen Krieges** und des **christlichen Rittertums** hatte zur Ausbildung des Kreuzzugsgedankens geführt. Konkret handelte es sich um eine bewaffnete Pilgerfahrt zur Befreiung des Heiligen Landes. Als Urban II. 1095 zum Kreuzzug aufrief, beschloss er gleichzeitig einen so genannten **Gottesfrieden**, das heißt, eine Einschränkung des **Fehdewesens**. Die Christenheit sollte also nach innen befriedet und im Rahmen eines heiligen Krieges gegen einen äußeren Feind entsandt werden. Statt sich selbst zu bekämpfen, sollten die Adligen als „Streiter des Herrn" in den Orient ziehen. Im Kreuzzug ergab sich die Möglichkeit, das christliche Abendland zu einer gemeinsamen Aufgabe zusammenzuführen.

Von der Lanze des christlichen Ritters aus den Steigbügeln gehoben, droht der Sarazene im Zweikampf zu unterliegen.

Minderheiten als innere Feinde der Christenheit

Die durch intensive Predigt- und Propagandatätigkeit ausgelöste Kreuzzugseuphorie schlug auch in gewalttätige Ausschreitungen gegen **Minoritäten** um. Ein falsches Verständnis der neutestamentlichen **Endzeitprophetien** konnte solchem Fanatismus im einfachen Volk Vorschub leisten – wusste man doch aus der Johannesapokalypse, dass es vor der Errichtung des Tausendjährigen Friedensreiches zur Unterwerfung nicht nur der Heidenvölker, sondern auch der **Feinde Christi** ganz allgemein kommen musste.

Allerdings waren die genannten Ausschreitungen nicht nur Ergebnis einer Massenaufhetzung zu bestimmten Gelegenheiten. Die Verfolgung von Minderheiten ist vielmehr das Ergebnis einer langen juristischen, institutionellen und intellektuellen Entwicklung, an der gerade auch die führenden Schichten der Gesellschaft maßgeblichen Anteil hatten. So ist es kein Zufall, dass man erst als die Regeln der Zugehörigkeit zur christlichen Gemeinschaft schon schriftlich fixiert waren, planmäßig damit begann, gegen Juden, Leprakranke, Homosexuelle und Prostituierte zu hetzen. Der Weg in eine Gesellschaft der Unterdrückung von Minderheiten zieht sich vom Aufbau von Stereotypen und Feindbildern über juristische Katalogisierung bis hin zur systematischen Repression. So war es von der 1215 verhängten typisierenden Kennzeichnungspflicht für Juden (gelber Punkt und spitzer Hut) bis zu den Pogromen des 14. Jahrhunderts und von den polemischen Antiketzer-Traktaten des 12. Jahrhunderts bis hin zur Inquisition nur ein kleiner Schritt.

Die Ritter nahmen ihr Recht in die eigene Hand. Erst die Eindämmung des Fehdewesens durch die Kirche führte zu mehr Rechtssicherheit. Der ideale Ritter kämpfte als „Streiter des Herrn“ gegen die Feinde der Christenheit. Die christlichen Ritterideale bestimmten spätestens seit den Kreuzzügen das Bild des tugendhaften und edlen Ritters.

Stillstand und Wandel

Technische und wirtschaftliche Neuerungen

Der Entwicklungsstand einer jeden Kultur lässt sich nicht nur anhand ideenorientierter Untersuchungen ermessen, sondern auch über ein Studium der technischen Errungenschaften, die sie hervorbrachte. Generell kann man sagen, dass der mittelalterliche Mensch weitaus weniger technische Neugier zeigte als seine Vorfahren der Antike. Erst demographischer und wirtschaftlicher Druck nötigte ihn, erfinderisch zu werden. Insgesamt jedoch geht das technische Niveau des Mittelalters kaum über das der Antike hinaus.

Landwirtschaft

Manchmal sind es gerade kleine technische Entwicklungen, die die größten wirtschaftlichen Wirkungen zeigen. Durch das Bevölkerungswachstum wurde eine Intensivierung des Ackerbaus notwendig. Mit althergebrachten Arbeitsgeräten war man jedoch an die Grenzen der Produktionsmöglichkeiten gelangt. Erst die Verbesserung des Pferdegeschirrs erlaubte den Fortschritt in der Landwirtschaft. Das neue Rüstzeug erhöhte die Zugleistung der Ackertiere, sodass der leichte, aber wenig wirksame Hakenpflug gegen den schweren, mit eisernen statt hölzernen Sechen und Scharen besetzten **Räderpflug** ersetzt werden konnte. Die damit erreichten Ertragssteigerungen verlangten auch rationellere Bearbeitungsmethoden. Bei der Aufbereitung der Agrarprodukte, vor allem der Getreide, wurde in dieser Hinsicht die Inbetriebnahme und Verbreitung der schon aus der Antike bekannten und nun wiederentdeckten **Wind- und Wassermühlen** bedeutsam. Diese Innovationen schufen die wichtigsten Voraussetzungen für den wirtschaftlichen Aufschwung des 12. Jahrhunderts.

Vor allem die Ablösung des leichten Hakenpflug durch den Räderpflug steigerte den landwirtschaftlichen Ertrag.

Technik

Die fortschreitende Mechanisierung vieler Arbeitsabläufe bildete die Grundlage für frühkapitalistische Wirtschaftsformen. Bei den im Mittelalter gebräuchlichen **Maschinen** wurden Rollen, Riemen, Schrauben, Kurbel- und Nockenwellen etc. für verschiedenste kinematische Übertragungen verwendet. Sie kamen an Webstühlen, Spinnrädern, Drehbänken, Hebewerkzeugen, wasserkraftbetriebenen Sägen und Schlagwerken zum Einsatz.

Der allgemein erhöhte Bedarf an Eisen, Bronze und Kupfer führte auch zu Innovationen im **Bergbau** und der **Metallurgie**. Zusammen mit Fortschritten in der chemischen Gewinnung von Grundstoffen wie Schwefel und Salpeter ergab sich nun die Möglichkeit zur Entwicklung von **Pulvergeschützen**. Kanonen hatten zwar im 14. Jahrhundert aufgrund ihrer geringen Wirkung kaum Bedeutung, wurden aber schon im 15. Jahrhundert kriegsentscheidend.

Ebenfalls revolutionär wirkte sich der Mitte des 15. Jahrhunderts erfundene **Buchdruck** mit beweglichen Lettern aus. Mit ihm rationalisierte und verbilligte sich die Buchherstellung. Seit seiner Einführung konnten Informationen nicht nur schneller und besser verbreitet, sondern auch breiteren Gesellschaftsschichten zugänglich gemacht werden. Die Vermittlung des geschriebenen Wortes wurde immer weniger zu einer Angelegenheit der Kleriker und Mönche, sondern der Drucker und Verleger.

Zu den nützlichsten Erfindungen des Mittelalters gehört ohne Zweifel die **Brille**. Das Wort leitet sich aus den vorher verwendeten beryllenen Lesesteinen ab. Sie ermöglichte eine visuelle Beschäftigung bis ins hohe Alter hinein. Für das gesellschaftliche Leben wichtig wurde die Räderuhr. Sie ersetzte die früheren Sonnen-, Wasser-, Sand- und Kerzenuhren und verkündete nun vom Rathaus eine für alle Menschen gleichermaßen gültige Zeit.

In dieser Darstellung des 15. Jhs nimmt der Hl. Petrus zum Lesen des Buches eine der wichtigsten Erfindungen des Mittelalters zur Hilfe: die Brille.

Geld- und Finanzwesen

Die Rationalisierung der Zeit ging mit der Rationalisierung der Wirtschaft einher. Während im Frühmittelalter **Geld** vorwiegend im Fernhandel benutzt wurde und sonst der Naturaltausch vorherrschte, wurde es im Hochmittelalter Hauptzahlungsmittel. Von dem regionalisierten Münzwesen profitierten die Geldwechsler, aus deren Geschäften sich die **Banken** entwickelten. Diese führten schon seit dem 15. Jahrhundert private Konten, gewährten Darlehen gegen Verpfändung beweglicher Güter und ermöglichten den Händlern internationale bargeldlose Transaktionen. Im Handel wurde die Buchführung zu einem Bestandteil der rationaleren Geschäftsabwicklung.

Technik, unabhängig davon, ob es sich um Konstruktions- oder Finanztechnik handelt, steht in engem Verhältnis zu den **kulturellen, wirtschaftlichen und gesellschaftlichen Bedingungen**, innerhalb derer sie sich entwickelt. Sie ist also unmittelbarer Ausdruck einer bestimmten Kultur. Dem für die Antike charakteristischen spielerischen Aspekt bei der technischen Innovation kommt im Mittelalter kaum Bedeutung zu. Es geht in dieser Zeit um praktische Lösungen, die dem Menschen helfen sollen, die Natur seinen Ansprüchen entsprechend zu bändigen und seine Lebensbedingungen zu verbessern. Technik wird schon im Mittelalter als ein Stück Freiheit des Menschen gegenüber der Natur angesehen. Sie ist in gewissem Grad eine Absage an den Fatalismus.

Demographische Entwicklungen

Bevölkerungszahlen

Genaue Daten über die Größenordnung der Bevölkerung Europas im Mittelalter lassen sich aufgrund der schlechten Quellenlage kaum ermitteln. Geschätzt wird sie auf 20 Millionen im Jahr 500, 12 Millionen im Jahr 600, 24 Millionen um 1000, 54 Millionen gegen 1340 und 37 Millionen um 1440. Die beiden großen Einbrüche in den Bevölkerungszahlen im 5. und 14. Jahrhundert gehen auf **Epidemien** zurück. In den dazwischen liegenden Zeiträumen herrschte trotz Mangelernährung und zahlreicher Hungersnöte zwar ein stetiges jedoch kein lineares Wachstum.

Die Bevölkerungsdichte im Mittelalter war je nach Region äußerst unterschiedlich. Besonders dicht besiedelt waren seit der Antike bestimmte Gebiete Italiens und Galliens. Auch im muslimischen Spanien gab es schon im 10. Jahrhundert Ballungsräume von 100 000 Einwohnern. Innerhalb Europas waren solche Ansammlungen jedoch die Ausnahme. 90–95 % der etwa 2 500 deutschen Städte des 13. Jahrhunderts zählten nicht mehr als 2 000 Seelen. **Köln** war mit 35–40 000 Einwohnern sowohl von der Fläche als auch von der Einwohnerzahl die größte Stadt Deutschlands. Ihr ca. 400 ha umfassender Mauerring aus dem Jahr 1180 wurde aber erst im 19. Jahrhundert bevölkerungsmäßig ausgefüllt. Selbst innerhalb der Stadtmauer mussten im 12. Jahrhundert einzelne Gebiete noch erschlossen werden, Ackerbau und Viehzucht gehörten zum Stadtbild. Dennoch brachte selbst die für unsere Verhältnisse geringe Bevölkerungsdichte innerhalb der Städte **Ver- und Entsorgungsschwierigkeiten** mit sich. Besonders die Abwasserfrage und die Beseitigung häuslichen und gewerblichen Unrats wurden zum hygienischen Dauerproblem. Bis zum 19. Jahrhundert dominierte die Lehre von der Krankheitsübertragung durch verdorbene Luft, weshalb man für die Reinheit des Trinkwassers kaum Vorkehrungen traf, was zur Ursache für schwere Epidemien wurde.

Mindestens 80 % der mittelalterlichen Menschen lebten auf dem Land. In den meisten besiedelten Gegenden überstieg hier die Bevölkerungsdichte bis ins Hochmittelalter kaum 15 Menschen pro km^2, konnte aber in einigen Regionen Norditaliens bis auf 80 ansteigen. Das **Bevölkerungswachstum** war aber nicht nur von der Bevölkerungsdichte und den durch sie gegebenen Daseinsbedingungen (Ressourcen eingeschlossen) abhängig, sondern auch von menschlichen Entscheidungen. So lässt sich feststellen, dass die Kinderzahl pro Elternpaar über weite Abschnitte des Mittelalters hinweg geringer war, als es die „natürliche Fruchtbarkeit" der Frau zuließ. Empfängnis- und Geburtenkontrolle gehörten zur mittelalterlichen **Familienplanung** – auch außerhalb der kirchlich verordneten Tabu-Zeiten. Dennoch, bei einer **Kindersterblichkeit** von 40 % in den ersten sechs Jahren und einer **Lebenserwartung** von etwa 40–50 Jahren musste jede Frau im Durchschnitt drei bis vier Kinder zu Welt bringen, um die Bevölkerungszahl zumindest stabil zu halten.

Nicht immer ging es bei Geburten so hygienisch zu wie auf dem linken Bild. Die Darstellung eines Kaiserschnitts (rechts) zeigt die Gefahren für eine Frau bei der Geburt im Mittelalter nur allzu deutlich.

Lebensbedingungen

Heute wie im Mittelalter hängt der Bevölkerungsanstieg vor allem von der Versorgungslage ab. Aufgrund von agrartechnischen Neuerungen (mit der damit verbundenen **Ertragssteigerung**) und der Ausweitung der Landwirtschaft auf neue Rodungsgebiete, verbesserte sich die Versorgungslage über das gesamte Mittelalter hinweg. Auch das **Klima** spielte eine Rolle. Besonders im 13. Jahrhundert herrschte eine Warmphase, die zu einer Vergrößerung der Getreideanbaugebiete führte, wohingegen im 14. Jahrhundert eine Kälteperiode mit nachhaltigen Auswirkungen auf die Ernte einsetzte.

Das gesamte Mittelalter ist von schweren **Hungersnöten** gekennzeichnet. Bei plötzlichen Nahrungsmittelverknappungen konnte sich der Getreidepreis verfünffachen, sodass sich nur noch eine sehr schmale Gesellschaftsschicht ausreichend ernähren konnte. Von solchen **Katastrophen** waren vor allem die physiologisch und sozial Schwächsten – Kinder, Greise und Arme – betroffen.

Während kurzfristige Ernährungskrisen, vorübergehende oder lokale Epidemien im Allgemeinen durch eine anschließende Steigerung der Geburtenrate ausgeglichen wurden, hinterließen die großen Pestwellen tiefe Lücken in der Bevölkerung. Die Städte konnten solche Einbrüche durch gezielte Einbürgerung wieder kompensieren, jedoch auf Kosten der ländlichen Strukturen. Hier kam es nach der **Großen Pest** von 1348 zu einem etwa 20-prozentigen Rückgang der Siedlungen, welcher auch eine drastische Verminderung des Kulturlandes zur Folge hatte. Wo aber noch Landwirtschaft betrieben wurde, sanken aufgrund der geringeren Bevölkerungszahlen und der gesunkenen Nachfrage die Preise für die Agrarprodukte. Zusätzlich fehlte es den Grundherren an Bauern und damit an Einnahmequellen. Leere Bauernstellen mussten mithilfe von Lohnarbeitern bewirtschaftet werden, die zusätzliche Kosten verursachten. Um Ausgleich zu schaffen, wurden deshalb die verbliebenen Bauern höher belastet und – damit sie nicht abwanderten – schollenpflichtig gemacht. Die durch die Bevölkerungsabnahme Mitte des 14. Jahrhunderts verursachte **Agrarkrise** hatte soziale Folgen, die bis weit ins 15. Jahrhundert reichten.

Der Tod holt alle, ob Kirchenfürst oder König, Frau oder Mann, reich oder arm, jung oder alt und tanzt mit ihnen den schaurigen Rei

Wandlungen in der mittelalterlichen Adelsgesellschaft

Die mittelalterliche Gesellschaft war eine **Ständegesellschaft**. Der Stand ist eine Gemeinschaft, deren Zusammenhalt auf der Gleichheit sozialer Werte ihrer Mitglieder beruht. So definierte sich der Adel durch familiäre Herkunft und durch Macht. Er war die Klasse derer, die nach freiem Recht geboren waren, sich selbst mit der Waffe schützen konnten, politische Herrschaft ausübten und über die Dienste anderer verfügten. Der Stand der Hörigen dagegen war durch Geburt zu politischer Abhängigkeit bestimmt, war ohne eigenen Schutz, stand unter dem Recht eines Herren und wurde wirtschaftlich ausgenutzt. So stark das Bewusstsein für Stände im Mittelalter aber auch ausgeprägt sein mochte, das System war durchlässig.

Von den Edlen bis zum Adel

Noch im 8./9. Jahrhundert erschien der Adel als in sich wenig gefestigter Stand. Man gehörte durch seine Geburt zu einem der **„edlen Geschlechter"**, denen aber noch keine festgelegten Rechte zukamen. Erst als die Lehen erblich wurden, sich die herrschende Schicht fest niederließ und auch den Gerichtsbann über die auf ihrem Land lebenden Menschen ausübte, begann sich ein ständischer Gegensatz einzustellen zwischen denen, die Gericht hielten und solchen, die ihm unterstanden, zwischen denen, die Abgaben zu leisten hatten und solchen, die sie eintrieben.

Aber nicht nur Angehörige der „edlen Geschlechter" rückten in Herrschaftsfunktionen auf oder wurden an der Herrschaft beteiligt. Schon im frühesten Mittelalter wurden sowohl Abhängigen als auch einfachen Freien bestimmte Amtsfunktionen in Politik, Verwaltung, Gerichtsbarkeit oder Militär übertragen. Diese so genannten **Dienstmannen** oder Ministerialen bildeten seitdem eine Kategorie, deren höchste Repräsentanten mit allen Attributen der edlen Geschlechter ausgestattet war, ohne jedoch zu ihnen zu gehören. Insbesondere kämpften sie zu Pferde wie die Edlen, waren also **Reiter**.

Der Schrecken des großen Sterbens lieferte vielen zeitgenössischen Künstlern die Vorlage zu den so genannten „Totentänzen".

Die Reiterei verfügte seit der Antike über besonderes Ansehen. Pferde und teure Ausrüstungen waren auch im Mittelalter die Attribute der sozial Bestgestellten. Sie bildeten bald einen besonderen Ritterstand. Ritter übernahmen wichtige militärische Schutzaufgaben in der Gesellschaft, stürzten diese aber auch durch ständige Fehden (rechtlich legitimierte Racheakte) in kriegsähnliche Zustände. Eine große Leistung der Kirche war es, das Gewaltpotenzial dieser Ritterschaft zunächst im Rahmen der Gottesfriedensbewegung eingedämmt und dann durch die Kreuzzüge sowie die Verbreitung der christlichen **Ritterideale** kanalisiert zu haben. Wer Ritter war, galt nun als edel – unabhängig davon, ob er einem alten Geschlecht angehörte oder nur Dienstmann war.

Der Assimilationsprozess zwischen Ritterschaft und den alten edlen Geschlechtern dauerte, je nach Region, unterschiedlich lang. In den stark romanisierten Ländern fand er Anfang des 11. Jahrhunderts einen ersten Abschluss, in den germanischen Gebieten erst wesentlich später. Das Ergebnis war in beiden Fällen die Bildung eines festen Adelsstandes, der nun seinerseits wieder Ministeriale an sich band. Im Lauf des 12. Jahrhunderts hierarchisierte sich dieser im Rahmen der Lehnsordnung. Dabei schlossen sich die einzelnen Ränge des Adels gegenüber den anderen ab. Es entstand – idealisiert – eine in Heerschildern aufgeteilte Lehnspyramide, die **Heerschildordnung**.

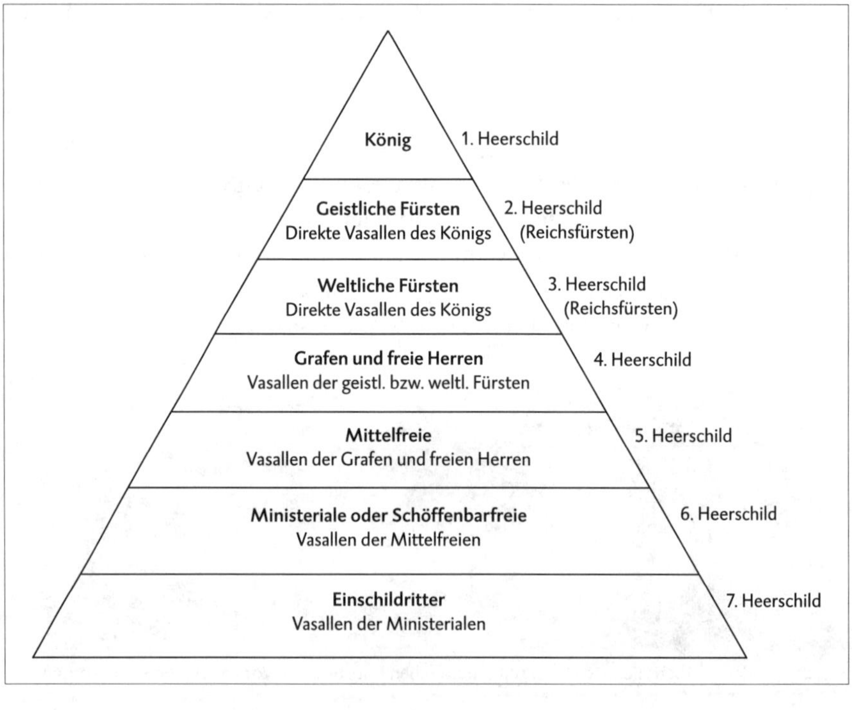

Die spätmittelalterliche Krise des Adels

Ab der Mitte des 13. Jahrhunderts gerieten viele Adlige unter wirtschaftlichen und finanziellen Druck. Zu einer wirklichen Krise, besonders des niederen Adels, kam es aber erst in der zweiten Hälfte des 14. Jahrhunderts. Die Gründe dafür sind wirtschaftlicher wie sozialer Natur: Bevölkerungsabnahme, Wüstungen und das Sinken der Preise für landwirtschaftliche Produkte gegenüber gewerblichen Erzeugnissen und die gestiegenen Kosten für statusgerechtes Leben trieben viele in den Ruin. **Söldnerheere** ersetzten mehr und mehr das lehnsrechtliche Militäraufgebot, sodass der Adel seinen gesellschaftlichen Auftrag, die Verteidigung des Königtums, einbüßte. Einige Angehörige des niederen Adels nahmen nun neue Aufgaben innerhalb der Territorialfürstentümer an oder wurden zu so genannten **Raubrittern**, das heißt Rittern, die in erster Linie von der Beute aus willkürlich herbeigeführten Fehden oder von usurpierten Maut- und Zolleinnahmen lebten.

Räumlich-soziale Wandlungen

Im Verhältnis des Adels zu anderen Gesellschaftsschichten vollzog sich vom 8. bis zum 12. Jahrhundert ein vielschichtiger sozialer und räumlicher Umschichtungsprozess. Mit den Veränderungen im System der Grundherrschaft löste sich die frühmittelalterliche, überwiegend rechtsständische Gesellschaftsstruktur auf. Die Unterscheidung zwischen freien und unfreien bäuerlichen Grundholden verschwand und ein rechtlich einheitlicher Bauernstand trat hervor. Parallel dazu ging die für den Fronhofsverband charakteristische Streusiedlung zurück und das Dorf wurde zur dominanten bäuerlichen Siedlungsform (Verdorfung). Sowohl agrarwirtschaftliche Zwänge, erhöhtes Schutzbedürfnis der Bevölkerung, der Wille zu zentralerer Machtausübung seitens des Adels als auch kirchliche Integrationspolitik bestimmten diese Entwicklung. Innerhalb der Dörfer bildete sich nun eine hierarchisierte Gesellschaft mit genossenschaftlichen Institutionen heraus, die ihre Interessen gegenüber dem adligen Grundherren vertrat.

Im Gegenzug entwickelte sich die adlige **Burg** zu einem zentralen Herrschaftssitz über Land und Leute. Der Herr zog sich aus dem landwirtschaftlichen Bereich zurück und gab sich vollends kriegerischen Aufgaben hin. Die Burg wurde Symbol einer berufsständisch-arbeitsteilig gegliederten Gesellschaft, in der die einen das Waffenhandwerk ausübten, die anderen das Land bestellten.

Während das Verhältnis von feudaler Herrschaft und dörflichen Institutionen in den meisten Fällen vom Adel bestimmt wurde, setzte sich im Dualismus von Burg und Stadt fast immer die Stadt durch. Die **Stadt**, zumeist aus einer Marktsiedlung oder Fernhandelsniederlassung entstanden, bildete einen eigenen Rechtsbereich, in den der adlige Herr nur in genau definierter Weise eingreifen konnte. Die Entstehung und Entwicklung der Stadtverfassung steht in engem Verhältnis zur wirtschaftlichen Dynamik der Städte. Die Institutionen der Stadt erschienen deshalb bald als Gegenpol zu der sich nur langsam entwickelnden feudalen Ordnung, obwohl sie sich mit dieser vermischten.

Im Laufe des Mittelalters vollzog sich in der Gesellschaft also weder ein radikaler Bruch noch ein sozialer Umsturz. Innerhalb des Adels kam es zur Assimilation neuer gesellschaftlicher Gruppen, im Verhältnis zu äußeren Kräften lediglich zu leichten Einschränkungen seiner im Frühmittelalter unumschränkten Macht. Bis zum Ende des Mittelalters und darüber hinaus bildeten adlige Lebensformen das gesellschaftliche Ideal schlechthin.

Die Welt des Bürgers war durch gewaltige Mauern und Torbauten von der ländlichen Umgebung abgegrenzt. Aber auch dieser geschlossene Lebensbereich war häufig in einen herrschaftlichen Bezirk und die Bürgersiedlung untereilt. Nicht selten bildeten sich Städte im Schutz einer Burg. Das Bild Nürnbergs aus der Weltchronik des Hartmann Schedel von 1493 liefert ein anschauliches Zeugnis von der Dominanz de Adels innerhalb der städtischen Niederlassung.

Krise und Reform

Monastische Erneuerungen

Im Frühmittelalter standen auch die Kirchen und Klöster unter der vollen Herrschaft ihres adligen Besitzers. In freier Verfügungsgewalt konnten sie mitsamt den in ihnen dienenden Priestern oder Mönchen verschenkt, eingetauscht oder verliehen werden. Das **Eigenkirchenwesen** widersprach dem Prinzip der freien Kirche und des freien Mönchtums.

Gleichzeitig gerieten Kirchen und Klöster auch in den Strom der **adligen Konflikte**, besonders dort, wo das Königtum schwach war. Da Friede aber eine der entscheidenden Existenzbedingungen allen religiösen Lebens ist, mussten Kirchen und Klöster frei werden von der weltlichen Bedrückung.

Die Kluniazensische Reformbewegung

Auf eine Befreiung der Kirchen und Klöster in beiderlei Hinsicht zielte eine Reformbewegung des 10. Jahrhunderts ab, die ihren Ausgang in der burgundischen Benediktinerabtei **Cluny** nahm und sich schnell über das gesamte Abendland ausbreitete. Ihre Errungenschaften bildeten die Grundlage für die Mitte des 11. Jahrhunderts beginnende Reform der Gesamtkirche unter päpstlicher Leitung.

Am 11. September 909 übertrug Herzog Wilhelm von Aquitanien den Aposteln Peter und Paul (also dem Papsttum) die Abtei von Cluny. Im Jahr 932 bestätigte der Papst, dass „Cluny frei sei von der Herrschaft der Könige, Bischöfe, Grafen“ und sogar derjenigen des besagten Herzogs von Aquitanien und seiner Familie. Dieser Anspruch wurde dann rechtlich fixiert, indem der König dem Kloster **Immunität** verlieh und der Papst ihm **Exemtion**, das heißt Freiheit von der bischöflichen Gewalt, erteilte. Damit wurde das weltliche **Eigenkirchenrecht** zum ersten Mal freiwillig aufgegeben. Von Cluny aus entwickelte sich in der Folgezeit eine straff organisierte Kongregation von Klöstern, die alle an der Freiheit des Mutterhauses teilhatten. Bis zum Ende des 11. Jahrhunderts gab es fast 1 500 kluniazensische Tochterabteien, Priorate und Zellen, die allesamt die bischöfliche Diözesangewalt einschränkten, die weltliche Herrschaftssphäre durchdrangen und überall Außenposten päpstlicher Interessen bildeten.

Mit der Zentralisierung des benediktinischen Mönchtums ging eine Erneuerung des mönchischen Lebens einher. Wie bei allen anderen monastischen Reformen, setzten auch die Kluniazenser Schwerpunkte bei der praktischen

Ausgestaltung ihrer Ordensregeln. Bei ihnen war es die **gottesdienstliche Liturgie**, die der körperlichen Arbeit und der Askese vornan gestellt wurde. Eine schmuckvolle Ausgestaltung ihrer Kirchen entsprach dieser Priorität. Da viele der kluniazensischen Mönche gleichzeitig Priester waren, wurden ihre Klöster durch ihre Tätigkeit im pastoralen Bereich zu Zentren der christlichen **Binnenmission**.

Die Gottesfriedensbewegung

Besondere Bedeutung kam Cluny bei der sich Ende des 10. Jahrhunderts ausbreitenden Gottesfriedensbewegung *(pax dei)* zu. Es handelte sich dabei um die Allianz einiger Kirchen- und Klostervorsteher mit dem Hochadel gegen die gewalttätigen Übergriffe kleinerer Burgherren an Kirchen und all denen, die sich nicht selbst mit Waffen schützen konnten. Mit dem Gottesfriedenspakt sollte also in Abwesenheit einer starken Zentralgewalt die königliche Aufgabe der Friedenssicherung wahrgenommen werden.

Im Rahmen der Gottesfriedensbewegung kam es zu einer Umwertung der ritterlichen Werte. Die fehdelüsterne Ritterschaft mit ihrer Ethik des Kampfes um seiner selbst willen wurde zu einer Kriegerschaft zum Schutz der Kirchen, Armen, Witwen und Waisen umerzogen. Damit entwickelten sich langsam die christlichen Ritterideale, die dann in der Kreuzzugsbewegung voll zur Geltung kommen sollten.

Als Maßnahme zur Sicherung der kirchlichen Freiheit zielte der Gottesfrieden in die gleiche Richtung wie der Kampf gegen das Eigenkirchenrecht. Ging es beim Gottesfrieden darum, die kriegerischen Übergriffe des niederen Adels auf die Kirchen auszuschalten, sollten Exemtion und Immunität vor dem Einfluss der Bischöfe und Fürsten schützen. Die Freiheit von jeglicher Macht – außer der des Papsttums – war also Ziel der ersten monastischen Reformwelle.

Ende des 11. Jahrhunderts war der Kampf um die Freiheit der Kirche zur Sache des Papsttums geworden. Cluny dagegen hatte sich im Ordnen der weltlichen Dinge selbst verweltlicht. Im monastischen Bereich kam es zu neuen Formen der Spiritualität, bei denen das Leben nach dem Vorbild der Apostel oder das Eremitentum in den Mittelpunkt rückten. Nicht mehr der liturgische Dienst sollte die Daseinsform der Mönche bestimmen, sondern apostolische Armut, Predigt, Buße und Abgeschiedenheit von der Welt.

Zisterzienser (seit 1098)

Das benediktinische Mönchtum erfuhr in diesem Sinne eine Erneuerung durch die Zisterzienser. Abgeschiedenheit der Klöster, eine an körperlicher **Arbeit**, **Armut** und **Meditation** orientierte Regel und eine zentralisierte Organisationsform gaben diesem Orden seine charakteristischen Züge. Die Zisterzienserklöster strebten nach **Autarkie** und wurden deshalb Vorreiter für eine stark rationalisierte **Agrarökonomie**. Ihre Höfe (Grangien) wurden von Laienbrüdern (Konversen) und Lohnarbeitern bewirtschaftet und waren Musterbeispiele in der Anwendung progressiver Wasser-, Bergbau- und Landwirtschaftstechnik. Um 1150 gab es fast 350 Zisterzen in ganz Europa. Hauptfigur des zisterziensischen Mönchtums war Bernhard von Clairvaux, der Kreuzzugsprediger, Kämpfer gegen die dialektische Theologie und Verbündeter des Papsttums.

Kartäuser (seit 1084)

Die Kartäuser, ebenfalls ein benediktinischer Reformorden, legten den Akzent mehr noch als die Zisterzienser auf das **Eremitentum**. Einzelzellen, strengste **Askese** und nahezu völliges Schweigen bildeten die Hauptelemente ihrer Lebensform. Wohl gerade wegen dieser Strenge aber fand dieser Orden eine nur vergleichsweise geringe Ausbreitung.

Die weltabgewandte Lebensform der Zisterzienser und Kartäuser sowie die Abgeschiedenheit ihrer Klöster sollte Distanz zur weltlichen Gesellschaft herbeiführen. Mit dieser Entfernung von der Welt blieben aber auch die sozialen Einwirkungsmöglichkeiten der Mönche beschränkt. Diesen Mangel wollten die Franziskaner (Minoriten) und Dominikaner ausgleichen. Wanderpredigt, besonders in den Städten, stand deshalb im Mittelpunkt ihrer Aktivität. Die Angehörigen beider Orden waren nicht im eigentlichen Sinne Mönche, denn sie lebten nicht in beschaulicher Gemeinschaft unter einem Abt.

Franziskaner (seit etwa 1215)

Franz von Assisi, der Gründer des Franziskanerordens, Sohn eines reichen italienischen Kaufmanns, entsagte seinem Besitz, um zu predigen und Kranken, Notleidenden und Ausgestoßenen beizustehen. Seine Ordensregel untersagte jede Form von Besitz und regelmäßigen Einkünften. Franziskanische Ordensbrüder sollten sich von ihrer Hände Arbeit oder durch **Bettelei** ernähren. Zum Verständnis ihrer Predigten brauchte man keine besonderen theologischen Kenntnisse. Gerade die Einfachheit war ein Ideal der Franziskaner, daher fühlte sich vorwiegend das einfache Volk von diesem Orden angezogen.

Dominikaner (seit 1215)

Dominikus, der Gründer des dominikanischen Ordens, hatte es sich etwa zur gleichen Zeit zum Ziel gemacht, den vonseiten der Kirche nur schwer integrierbaren religiösen Laienbewegungen des beginnenden 13. Jahrhunderts entgegenzutreten. **Armut** und **Studium** gehörten dabei zu seinen Grundprinzipien.

In dieser Miniatur des 13. Jh. verweigern ein Franziskaner und ein Dominikaner die Almosen von zwei Wucherern. Gut zu erkennen ist die unterschiedliche Ordenskleidung. Auch Frauen führten in Klöstern ein Leben in frommer Beschaulichkeit.

Mit der Armut entsprach er den apostolischen Idealen seiner Zeit, die Kenntnis der katholischen Lehre sollte ihm Werkzeug für die Widerlegung häretischer Tendenzen sein. Die Dominikaner orientierten sich hauptsächlich an der Augustinerregel, folgten später aber auch einigen Gebräuchen der Franziskaner. Wie die Franziskaner übernahmen sie Aufgaben der **Massenseelsorge** und wie diese waren sie nicht an ein Kloster gebunden, sondern bewegten sich frei von Ordenshaus zu Ordenshaus. Gegenüber den Franziskanern waren die Dominikaner weniger spirituell, dafür intellektueller ausgerichtet und widmeten sich auch der **Laienbildung**. Wegen ihrer ursprünglichen Mission, der Bekehrung von Ketzern, betraute der Papst sie später mit der **Inquisition**.

Regularkanoniker

Die Möglichkeit, in religiöser Bruderschaft zu leben, bestand nicht nur durch Eintritt in einen der Mönchsorden. Auch Kleriker organisierten sich zu eigenen Gemeinschaften, nahmen eine Ordensregel an und lebten wie Mönche. Man spricht dann von Regularkanonikern. Zu ihnen gehörten die **Augustiner Chorherren** und die durch Norbert von Xanten gegründeten **Prämonstratenser**, die nach einer strengeren Form der Augustinerregel lebten.

Alle genannten Reformorden waren nicht nur aus dem Bedürfnis heraus entstanden, neuen Formen der Spiritualität den Boden zu bereiten, ihre Gründung war immer auch Antwort auf eine gegebene Situation innerhalb der Gesellschaft. Meistens blieb von den ursprünglichen Idealen der Reformorden nach wenigen Jahrzehnten kaum noch etwas übrig. So mussten sie entweder von innen heraus Wege der Erneuerung suchen oder Spaltungen hinnehmen, die dann in neue Reformgruppen mündeten.

Erneuerungsversuche an Kirche und Reich

Der Begriff der Reform ist der kirchlichen Rechtssprache entlehnt. Er setzt die Idee einer alten, **„guten" Ordnung** voraus, auf die man wieder zurückkommen will. Reform bedeutet Rückbesinnung auf die Quellen der Wahrheit. Was aber nun diese Quellen der Wahrheit waren, konnte nur Auslegungssache sein.

Innerkirchliche Reformen

Innerhalb der Kirche standen sich das apostolische und hierarchisch-zentralistische Modell gegenüber (s. S. 24 f.). Beide konnten als die richtige Ordnung angesehen werden. Dementsprechend konnte eine Kirchenreform einen Rückbezug auf die Grundprinzipien des Neuen Testaments oder die antike Kaiserkirche bedeuten. Die Restauration des römischen Primats wurde schon in karolingischer Zeit vorangetrieben, nahm aber erst seit Mitte des 11. Jahrhundert systematische Züge an und wurde dann einer der wichtigsten Programmpunkte der Gregorianischen Reform (s. S. 58). Umgekehrte Tendenzen innerhalb der Kirche gab es auch. Seit dem Frühmittelalter wurde immer wieder die grundsätzliche Unabhängigkeit des Bischofs gegenüber dem Papsttum betont. Seit dem 13. Jahrhundert aber setzen sich Ideen durch, nach denen das gesamte Kirchenvolk Vorrang vor dem Papsttum besitze. Diese Vorstellung fand im **Konziliarismus** des 14. und 15. Jahrhundert ihren Niederschlag. Grundsätzlich handelt es sich hier jedoch mehr um eine Rückbesinnung auf altkirchliche Zustände als um apostolische Bestrebungen.

Laienbewegungen

Neutestamentliche Grundwerte, wie **Predigtrecht** für alle, Abkehr von der materiellen Welt und der individuelle Bezug zu Gott kamen besonders in den religiösen Laienbewegungen (z. B. **Wanderprediger, Beginen und Begarden**) des 12. Jahrhunderts aber auch im Reformmönchtum zum Tragen. Die Einbindung apostolischer Tendenzen in die Gesamtordnung der Kirche bedeutete, da sie häufig die kirchlich-institutionelle Tradition infrage stellten, eine besondere Herausforderung. Es gab in dieser Hinsicht drei gangbare Wege: Die Kirche konnte sich den apostolischen Forderungen ausliefern und ihre hierarchische Struktur ablegen, sie konnte die verschiedenen apostolischen Bewegungen in ihre Grundordnung aufnehmen oder sie bekämpfen. Die erste Möglichkeit hätte

Die Postkarte zeigt den Beginenhof um 1900 auf dem Mont St. Amand. Viele Frauen, zu einem Leben in Armut und Keuschheit entschlossen, fanden in Klöstern keinen Platz. Besonders in Flandern und im Rheinland bildeten sich von Orden unabhängige religiöse Gemeinschaften. Obwohl die so genannten Beginen aufgrund ihrer undefinierten sozialen Stellung zeitweise von der Kirche kritisiert wurden, erwies sich diese Laienbewegung als äußerst langlebig.

die Kirche in den Grundfesten berührt und widersprach ihrem zentralistischen Streben. Eingliederung und Ausschluss blieben somit die einzigen Antworten auf außerinstitutionelle Erneuerungsversuche. An diesem Punkt scheidet sich der Weg zwischen Reform und Häresie. Eine Bewegung, die sich der kirchlichen Ordnung fügte, galt als reformerisch und musste sich zumeist zu einem Orden konstituieren, eine, die sich nicht in die gegebene Kirchenstruktur integrierte, wurde als ketzerisch verdammt. Die Grenzen dieses Schemas wurden erst am Ende des Mittelalters spürbar, als die außerinstitutionellen Reformbewegungen so umfangreich geworden waren und sich so stark politisiert hatten, dass sie nicht mehr eingegliedert werden konnten, ohne dass die Gefahr einer völligen strukturellen Auflösung der katholischen Kirche bestanden hätte. Die „Reformation" des 16. Jahrhunderts und die darauf folgende Trennung in „evangelisch" und „katholisch" macht diese Situation deutlich.

Reformen an der Reichsverfassung

Für die Reichsreformen galten im Prinzip die gleichen Ausgangsbedingungen wie bei der Kirchenreform. Bei der Frage, welches der traditionell richtige Verfassungszustand gewesen sei, standen sich ebenfalls eine monarchistisch-hierarchisierende und eine kollegial-dezentralisierende Tendenz gegenüber – die eine getragen vom Königtum, die andere von den Fürsten. Reichsreformen im eigentlichen Sinne gab es erst im Spätmittelalter, jedoch auch schon früher kam es zu verfassungsrechtlichen Auseinandersetzungen um die Gewichtung königlicher und fürstlicher Macht. Sie betrafen die **Königswahl**, den **Besitz des Reichsgutes**, die **Lehns-** und **Gerichtsherrschaft**, die **Finanzhoheit**, das **Machtmonopol** (Friedenswahrung) und die **Herrschaft über die Kirchen**.

Bei jeder Neuordnung dieser Bereiche ging es grundsätzlich darum, existierendes Recht zu wahren und nicht, neues zu schaffen. Wenn nicht Einzelprivilegien die verfassungsrechtliche Situation immer neu verschoben hätten, müsste man also eher von **Restauration** als von Reform im moderneren Sinne sprechen. Da aber jede einzelne Abtretung königlicher Rechte, jedes fürstliche oder kirchliche Zugeständnis und auch manche politische Ausnahmesituation neue Traditionen schufen, bedurfte es auch immer wieder einer Anpassung der Gesamtverfassung an die gewachsenen politischen Realitäten. Nur in diesem Sinne überhaupt lässt sich von Reichsreform sprechen.

Im Spätmittelalter hatten sich verfassungsrechtliche Forderungen sowohl von fürstlicher als auch von königlicher Seite angehäuft. Die Erneuerungsversuche gestalten sich dementsprechend als ein Gegeneinander zweier Reformbewegungen, einer fürstlichen und einer königlichen, deren beide Vertreter sich zwar der Fehlfunktion der Reichsverfassung bewusst waren, ihre Position jedoch nicht ohne gewichtige Gegenleistungen der anderen Seite aufgeben wollten. Das Ergebnis der fehlenden Kompromissbereitschaft war letztlich die Aufteilung der Staatsgewalt, ein institutionalisierter Dualismus (wenn nicht Antagonismus) von „Kaiser und Reich" (also von Kaiser und Fürsten), bei dem die Fürstenmacht die Oberhand gewann.

Krise des Spätmittelalters und Übergang zur Neuzeit

Krisenphänomene

An der Wende vom 13. zum 14. Jahrhundert hatte das mittelalterliche Abendland seine maximale Expansion überschritten: die über mehrere Jahrhunderte vorangetriebene Rodungstätigkeit verminderte sich, die demographische Wachstumskurve flachte ab, beim Bau großer Kathedralen wurden die Arbeiten niedergelegt. Neben diesen allgemeinen Beobachtungen traten konkrete Zeichen einer tief greifenden wirtschaftlichen und sozialen Krise auf: Geldverschlechterungen in kurzen Abständen, Streiks, städtische Aufstände, Konkurse in der Textilindustrie und schwere Judenverfolgungen. Auch politisch und religiös bestimmten zahlreiche Kriege und Bedrohungen die Zeit: der Hundertjährige Krieg zwischen England und Frankreich, die ersten Auseinandersetzungen mit den Osmanen, die Hussitenkriege und das Große Schisma innerhalb der katholischen Kirche. Hungerkatastrophen, Erdbeben und die in der Mitte des 14. Jahrhunderts ausbrechende Pest komplettieren das Bild einer allgemeinen Depression.

Die Krise war den Menschen bewusst. Endzeiterwartungen, apokalyptische Weltuntergangsängste, Geißlerzüge, exaltierte Religiosität aber auch ungezügelte, fatalistische Ausschweifungen waren Zeichen allgemeiner Orientierungslosigkeit. Der Begriff der Krise bedeutet im ursprünglichen Sinne „Scheidung oder Entscheidung". Auf die Situation des späten Mittelalters angewandt, kann man von einem Spannungsverhältnis zwischen Untergang und neuem Aufstieg sprechen. Die Frage war, wie weit die Menschen den Kräften des Untergangs freies Spiel lassen wollten. Hier zeigte sich nun eine allmähliche Abkehr von der Mentalität des frommen Stillhaltens und eine Hinwendung zu bewusster Mobilisierung, zu einem rationalistischeren Umgang mit der Welt.

Philosophisch wurde dieser Weg mit dem Durchbruch des **Nominalismus** vorbereitet. Im hohen Mittelalter hatte man das Konkrete, den Einzelfall, nur als Ausdruck eines größeren, wichtigeren Allgemeinen angesehen. Ein Priester konnte verderblich sein, was zählte, war sein Amt und die Gnade, die er spendete. Wichtig war nicht das Individuum, sondern sein Stand, nicht eine einzelne Katastrophe war bedeutsam, sondern die hinter ihr stehende göttliche Mahnung. Und weil das Allgemeine als unantastbar galt, widmete man sich auch nicht dem Speziellen. Ende des 14. Jahrhunderts kam es zu einem Neuansatz im Umgang mit den Erscheinungen in der Welt. Nun sollte es nicht mehr das Universale sein, aus dem man Erkenntnisse über die Natur der Dinge zu gewinnen versuchte, sondern das sinnlich erfahrbare Einzelne.

Die Abkehr von der fatalistischen Ergebenheit gegenüber dem Allgemeinen setzte Kräfte für einen unvoreingenommeneren Umgang mit Krisenerscheinungen frei. Kriege, Hunger, Armut, Naturkatastrophen, Epidemien wurden nicht mehr als von Gott vorherbestimmt hingenommen, sondern man ging zu ihrer Analyse über, suchte nach Kausalketten und Auswegen, unternahm Vorbeugungsmaßnahmen und strebte nach politischer und sozialer Bewältigung.

Aus der Krise des Spätmittelalters gehen Neuansätze hervor, die von bleibender Bedeutung waren. Philosophische Engpässe zwangen zu neuen Denkmethoden, verfassungsmäßige Fehlentwicklungen und religiöse Spannungen steigerten den Willen zur Reform. Aus sozialen Spannungen wurden neue Institutionen geboren und die Krise des Feudalismus machte den Weg für neue Wirtschaftsformen frei. Selbst die Kriege hatten nicht nur negative Folgen: Sie zwangen zu rationaleren Methoden im Steuerwesen und trugen damit maßgeblich zur Herausbildung der modernen Staaten bei.

Raum und Grenzen

Zentrum und Peripherie

Geschichte spielt sich nicht nur in der Zeit, sondern auch im Raum ab. In historischer Hinsicht ist Raum keine homogene Größe, er ist gerichtet und gewertet. Raum produziert Geschichte, genau wie er selbst durch diese strukturiert wird. Zu den räumlichen Faktoren, die geschichtliche Vorgänge steuern, gehört die Interaktion von Zentrum und Peripherie.

Politische und kulturelle Expansion geschieht zumeist durch den Aufbau von Nebenzentren um ein Hauptzentrum. Dieses Verfahren gehört zu den wichtigsten mittelalterlichen Strategien der Herrschaftsdurchdringung. Über die Gründung einer Burg, einer Stadt, eines Marktes oder Bistums wurde ein feindlicher, strukturschwacher oder zu missionierender Raum politisch, wirtschaftlich oder religiös erfasst. Das mittelalterliche Lehnssystem begünstigte diesen politischen **Polyzentrismus**: Jeder Vasall bildete mit seinem Lehen ein politisches Nebenzentrum gegenüber seinem Herren. Durch die feudalrechtliche Verschachtelung der Gesamtheit dieser Nebenzentren wurde aber der Raum als Ganzes sehr heterogen und der Begriff der **linearen Grenze** unbrauchbar. So gehörte das Bistum Cambrai beispielsweise lehnsrechtlich zum Reich, unterstand jedoch kirchlich dem Erzbistum Reims, das zu Frankreich gehörte.

Von jedem Zentrum gingen Rechte und Ansprüche aus, die sich jedoch nicht auf Räume bezogen, sondern an Personen gebunden waren. Eine politische Grenze wurde so zu einer Zone, in der sich persönliche Bindungen auf unterschiedliche Herrschaften hin polarisierten. Damit lässt sich die politische Grenze des Mittelalters ebenso schwer auf eine Linie reduzieren, wie heute noch Sprachgrenzen oder religiöse Grenzen. Sie bleibt die Peripherie einer bestimmten Herrschaft. Ausnahmen bildeten hier lediglich die Mauern der Städte, durch die, wie beim römischen Limes oder der chinesischen Mauer, ein für einen bestimmten Bereich allgemein gültiges Recht materialisiert wurde.

Im Gegensatz zu solch einer statischen, linearen Grenze bewahrt die Peripherie einen dynamischen Charakter. Sie kann sich herrschaftlich verdichten oder auflösen, sie kann aus eigener Kraft expandieren, von einer außenliegenden Macht vereinnahmt werden oder, wie es viele Beispiele der Reichsgeschichte zeigen, selbst zum Zentrum gedeihen.

Expansion und Kolonisation

Zwei große Expansionsbewegungen bestimmten die Geschichte des hohen Mittelalters. Die kriegerisch-religiöse Eroberung des vorderen Orients und der iberischen Halbinsel während der Kreuzzüge und die deutsche Ostkolonisation.

Die Kreuzzüge

Zum Ausbruch der Kreuzzugsbewegung kam es, als der kluniazensische Papst Urban II. seine Landsleute 1095 zur Befreiung des Heiligen Grabes in Jerusalem aufrief. Schon vorher aber hatte sich die Idee des Heiligen Krieges gegen „Glaubensfeinde" langsam herausgebildet und war dann mit dem Gedanken der Pilgerfahrt nach Jerusalem verbunden worden. Später wurden Kreuzzüge nicht nur gegen den Islam gepredigt, sondern auch gegen politische Gegner, Ketzer und andere „Ungläubige" – gegen alle, die sich der expansiven Politik des aufsteigenden Papsttums nicht fügen wollten.

Die Rückeroberung Spaniens setzte zwar früher als die Kreuzzugsbewegung ein, erhielt aber von dieser wichtige zusätzliche Impulse. Während die **Reconquista** in ihrer ersten Phase hauptsächlich auf Einzelinitiativen einiger christlicher spanischer Herrscher zurückging, wurde sie erst in der Kreuzzugszeit zu einem gesamtabendländischen Unternehmen.

Der erste Kreuzzug (1096–1099) nach Palästina wurde vorwiegend von französischen Rittern geführt und war von großen Volksmassen begleitet. Nach der Einnahme Jerusalems kam es 1099 zur Gründung eines Lateinischen Königreichs im Heiligen Land, das bis 1187 bestand.

Der zweite Kreuzzug (1147–1149) wurde von dem Zisterzienserabt Bernhard von Clairvaux propagandistisch vorbereitet und stand unter Leitung des deutschen und des französischen Königs (Konrad III. und Ludwig VII.). Er endete nach zahlreichen Streitigkeiten innerhalb der christlichen Führungsmächte mit einer schweren Niederlage bei Damaskus.

Der dritte Kreuzzug (1189–1192) wurde ausgerufen, als **Sultan Saladin** Jerusalem und damit das Zentrum des Lateinischen Königreichs wiedererobert hatte. Das christliche Aufgebot gegen ihn war riesig. Geführt von Friedrich Barbarossa, Richard Löwenherz von England und Philipp II. von Frankreich, nahm eine beachtliche Zahl abendländischer Adliger an diesem Kreuzzug teil, ohne jedoch bis nach Jerusalem vorzudringen.

Der vierte Kreuzzug (1202–1204) wurde wie die vorherigen vom Papst ausgerufen, jedoch von Venedig an sich gerissen und aus wirtschaftlich-politischen Motiven gegen Byzanz gerichtet. Er führte zur Einnahme und Plünderung der Stadt am Bosporus, zur formalen Vereinigung der griechischen und römischen Kirche und der Errichtung eines lateinischen Kaiserreichs.

Der **fünfte Kreuzzug** (1228–1229) war ein Einzelunternehmen Friedrichs II. Der mit der Tochter des Königs von Jerusalem verheiratete Kaiser zog mit geringem Truppenaufgebot in den Orient und erreichte nach diplomatischen Verhandlungen mit dem ägyptischen Sultan al-Kamil die Abtretung Jerusalems an die lateinische Christenheit.

Barbarossa als Kreuzfahrer 1188. Die äußere lateinische Umschrift der Miniatur lautet: „Möge der ruhmvolle, fromme, erhabene Kaiser Friedrich das Volk Saladins aus dem Lande des Herrn vertreiben."

Zwei weitere Eroberungszüge nach Palästina und Nordafrika fanden dann noch unter Ludwig IX. von Frankreich statt. Im **sechsten Kreuzzug** (1248–1254) geriet er in Ägypten in Gefangenschaft und musste sich mit einem hohen Lösegeld freikaufen lassen, im **siebten** (1270) fand er in Tunis den Tod. Akkon, die letzte Kreuzfahrerbastion fiel 1291. Nur Zypern und Rhodos blieben über dieses Datum hinaus unter lateinischer Herrschaft.

Während der Kreuzzüge hatten sich verschiedene geistliche **Ritterorden** gebildet, deren Ziel zunächst der Schutz und die Versorgung der Jerusalempilger war. Ihre Mitglieder lebten unter einer monastischen Ordensregel, versahen aber Kriegsdienst, waren Mönche und Ritter zugleich. Die wichtigsten unter den Ritterorden waren die **Johanniter** (seit ihrer Verdrängung von Rhodos nach Malta (1530) nannten sie sich Malteser), die **Tempelherren** und der **Deutsche Orden**.

Den Kreuzfahrern folgten Siedler und Händler in das Lateinische Reich im Osten. Durch sie intensivierte sich der wirtschaftliche und kulturelle Austausch zwischen Orient und Okzident. Die Kreuzzugsidee andererseits wirkte in der mittelalterlichen **Ritterepik** und Spielmannsdichtung weiter: Das Epos von König Rother, die Erzählung vom Herzog Ernst, das Rolandslied und viele andere Werke des 12. Jahrhunderts sind geprägt vom Idealbild des christlichen Ritters und Glaubensstreiters, der im Kampf gegen die Heiden die Kreuzfahrt und den Tod auf sich nimmt.

Das historische Phänomen Kreuzzüge darf nicht von den allgemeinen Entwicklungen in der mittelalterlichen Gesellschaft getrennt werden. Der Zustand dieser Gesellschaft und Veränderungen innerhalb ihrer zentralen Strukturen (Herausbildung des Lehnswesens, Einschränkung des Fehdewesens, Verbreitung der Ritterideale) sind vielmehr treibende Kraft für die Kämpfe am Rande der Christenheit. Als sich das gesellschaftliche Gefüge im 13. Jahrhundert erneut wandelte, brach auch die Kreuzzugsbewegung zusammen.

Die deutsche Ostsiedlung

Während die Kreuzzüge im Rahmen der gesamteuropäischen Expansion des 11. bis 13. Jahrhunderts gegen einen definierten, immer wieder neu verunglimpften Gegner geführt wurden, spielten Feindbilder in der deutschen Ostsiedlung kaum eine Rolle. Natürlich ging es auch hier um die Sicherung von Einflusssphären gegenüber der griechisch-orthodoxen Welt sowie um christliche Mission auf heidnischem Gebiet und selbstverständlich hatte auch diese Kolonisation Ventilfunktion für angestaute innergesellschaftliche Konflikte im Westen. Es wird jedoch deutlich, dass die Christianisierung und Besiedlung Osteuropas politisch und gesellschaftlich ein wesentlich komplexeres – und vor allem ein im Ganzen friedlicheres – Phänomen war als die Kreuzzüge.

Die große Siedlungsbewegung nach Osten begann mit dem 12. Jahrhundert. Sowohl die **Markgrafen** des Reiches als auch die christlichen Herren Polens, Böhmens und Ungarns förderten sie, um ihr dünn besiedeltes Land wirtschaftlich aufzuwerten. In den westlichen Gebieten hatten zur gleichen Zeit Veränderungen in der Gesellschaftsstruktur (insbesondere innerhalb der Grundherrschaft) sowie demographische Entwicklungen zu einer Verschlechterung der bäuerlichen Lebensbedingungen geführt. Viele der unter Druck geratenen westlichen Grundholden folgten deshalb den Aufrufen der östlichen Herren und deren Siedlungsunternehmern, den so genannten **Lokatoren**, und siedelten sich unter freierem Recht auf deren Land an.

Gegenüber der einheimischen slawischen Bevölkerung waren die Siedler durch ihre rechtliche Stellung und ihre fortschrittlicheren Anbau- und Bewirtschaftungstechniken häufig im Vorteil. Jedoch kam es schon relativ schnell zu Angleichungen auf diesen Gebieten. Auch führten wirtschaftlicher und sozialer Austausch zu raschen **Akkulturationsprozessen**.

Ländliche und **städtische Besiedlung** verliefen parallel. Während in den alten Siedlungsgebieten westlich der Elbe und Saale die Städtebildung nach traditioneller Art, also durch stückweise Zuerkennung verschiedener Privilegien, verlief, wurden weiter östlich Städte gleich mit einem ganzen Paket von Rechten für die Bürger ausgestattet, um den schnellen Aufstieg dieser Siedlungen zu ermöglichen. Bei diesen Stadtrechten bediente man sich zumeist westlicher Vorbilder. So bekamen die Neugründungen entlang der Ostseeküste häufig das Recht Soests und Lübecks zugesprochen, diejenigen im südlichen Landesinneren meist das der Stadt Magdeburg. Da die Mutterstädte ihr Recht gegeben hatten, wurden sie auch in der Folgezeit bei Streitigkeiten zurate gezogen. Es ergab sich so ein Netz von Verbindungen, das eine gewisse Einheit zwischen westlichem und östlichen Städtewesen zur Folge hatte.

In den deutschen **Marken** des Ostens wurde die Ansiedlung von Bauern und Händlern schon im 12. Jahrhundert sehr systematisch betrieben, besonders unter Heinrich dem Löwen. Über diese Grenzgebiete hinaus setzte sich die (Be-)Siedlung eher unregelmäßig fort. In der ersten Phase kam es im späten 12. Jahrhundert zu zahlreichen Stadtgründungen in **Mecklenburg**. Schon 1230 waren slawische Städte dort in der Minderheit. Von Mecklenburg aus setzte sich die Kolonisation weiter nach **Pommern** fort. Dort hatten sich zwar bereits vorher einige Händler niedergelassen (1187 wurde für sie eine Kirche in Stettin gegründet), jedoch begann die eigentliche Siedlungsbewegung erst im dritten Jahrzehnt des 13. Jahrhunderts, und zwar insbesondere unter Mitwirkung des **Templerordens**, der dort unter anderem die Städte Stettin, Greifswald und Kohlberg gründete. Bis zum Ende des 13. Jahrhunderts vergrößerte sich in Pommern die Anzahl der Städte „deutschen Rechts" auf 38. Wie in Mecklenburg wurde das Land hier zunächst an deutsche Adlige ausgegeben, die es dann von westlichen Siedlern bewirtschaften ließen.

In **Pomerellen**, das heißt im westlichen Weichselraum, wurde die Kolonisierung dagegen häufig auf direkte Initiative der dort gegründeten Städte betrieben. **Danzig** nahm dabei schnell eine Spitzenposition ein. Das Bürgertum zeigte sich an der Besiedlung des umliegenden Landes interessiert und verpachtete es stückweise an westliche Siedler. Der lange Streit um die politische Zugehörigkeit Pomerellens wirkte jedoch seiner schnellen wirtschaftlichen Entwicklung entgegen.

In **Schlesien**, also im Gebiet der oberen Oder, war die Situation anders als in den übrigen Landschaften des Ostens. Infolge von Kämpfen innerhalb der polnischen Herzogsfamilie der Piasten war eine Linie des Hauses in enge Verbindungen zum deutschen Kaisertum getreten. In diesem Zusammenhang hatte Friedrich I. einen Teil Schlesiens 1181 in den Reichsverband aufgenommen. Seither bestanden zahlreiche Heiratsverbindungen mit dem Westen. Der im schlesischen Teilherzogtum stark vertretene deutsche Adel erhielt Land und ließ es von Deutschen besiedeln. Viele der neuen Einwohner rekrutierten sich hier schon aus den früheren alten Siedlungsgebieten zwischen Saale und Elbe. Mitte des 14. Jahrhunderts zählte Schlesien 120 Städte und 1 200 Dörfer deutschen Rechts, war also weitgehend germanisiert, als es sich aus der polnischen Herrschaft löste, um im Königreich Böhmen aufzugehen.

Böhmen und **Mähren** waren seit ottonischer Zeit lehnsrechtlich an das Reich gebunden. Kirchlich gehörten die Bistümer Prag und Olmütz zum Erzbistum Mainz. Trotzdem war hier die deutsche Kolonisation weitaus weniger intensiv als in Schlesien. Die Gründungen nach deutschem Recht beschränkten sich größtenteils auf die bevölkerungsarmen Grenzgebiete in der Nähe des Reiches oder auf einige Bergbausiedlungen im Innern.

Noch geringer war die deutsche Durchdringung **Polens**, auch wenn sie von einigen Herzögen oder Königen gefördert wurde. Kasimir der Große (1310–1370) strebte maßgeblich die Ansiedlung westlicher Siedler in seinen neu gewonnenen Gebieten in **Galizien** (Rotrussland) und **Wolhynien** (im nördlichen Karpatenraum) an, um diese fester in seinen Herrschaftsraum zu integrieren.

Im Königreich **Ungarn** hatte die Kolonisation schon im 12. Jahrhundert eingesetzt, blieb aber sehr verstreut. Zentren deutscher Siedlung befanden sich im slowakischen Erzgebirge und in der **Hohen Tatra**, die bedeutendsten aber im heute rumänischen **Siebenbürgen** (Transsilvanien). Im 15. Jahrhundert ließ sich ein Teil der deutschen Bevölkerung Transsilvaniens in noch entfernteren Gebieten, wie der **Bukowina**, nieder. Hier in der Ukraine verebbte der Strom der deutschen Siedler.

Insgesamt handelt es sich bei der Ostsiedlung um eine Bewegung, die fast immer an Gesetze und Verträge gebunden war. Spannungen mit der einheimischen Bevölkerung gab es zwar, sie traten aber nicht generell auf. Auf Staatsgrenzen hatte die Siedlungsbewegung kaum Auswirkungen, aber in Osteuropa entstanden zahlreiche deutsche **Sprachinseln**.

Der Staat des Deutschen Ordens

Eine Sonderentwicklung fand im östlichen Baltikum statt. Die dort lebenden Völker, wie die Prussen, Littauer, Letten, Livländer und Estländer sollten erst unterworfen und dann missioniert werden. Diese „Schwertmission“ wurde von zwei Zentren aus geführt: von Livland durch den Schwertbrüderorden und von Preußen durch den Deutschen Orden.

Nachdem der Schwertbrüderorden vom Bremer Erzbischof eingesetzt worden war, um die in Livland regelmäßig eintreffenden Kreuzfahrerkontingente vor Ort zu unterstützen, schritt die Eroberung der heidnischen Gebiete rasch voran. Mitte der 30er-Jahre des 13. Jahrhunderts häuften sich jedoch die Misserfolge, sodass der Orden 1237 in den Deutschen Orden eingegliedert wurde. Der Deutsche Orden hatte 1226 durch kaiserliches Privileg und päpstliche Absegnung das Recht erhalten, **Preußen** mit dem Schwert zu bekehren und in den unterworfenen Gebieten königliche Rechte auszuüben. Entlang der Flüsse baute er zahlreiche **Burgen**, die im Sommer als Basis für die Kreuzzugsheere

Die Marienburg war Hauptsitz des Deutschen Ritterordens. Von dort aus regierte der Hochmeister des Deutschen Ordens zwischen 1309 und 1466 den preußischen Ordensstaat, einen der einflussreichsten Staaten Europas.

dienten und sich mit der Ansiedlung deutscher Siedler langsam zu Dörfern oder Städten entwickelten. Als 1237 die Vereinigung mit dem Schwertbrüderorden stattfand, war die Christianisierung Preußens bereits weit fortgeschritten und der Deutsche Orden dabei, seinem eroberten Gebiet staatliche Strukturen zu verleihen. Der Zusammenschluss mit dem Schwertbrüderorden öffnete ihm ein neues Aktionsfeld: **Livland**. Ein halbes Jahrhundert lang wechselten sich dort Eroberung und Rückzug ab. Am Ende aber stand die Unterwerfung großer Teile des östlichen Baltikums.

In Preußen hatte sich die Situation inzwischen verschlechtert. 1240 kam es zu einer allgemeinen Auflehnung, die die Herrschaft der Deutschordensritter unmittelbar bedrohte. Ein gegen die Aufständischen organisierter Kreuzzug führte jedoch zur Beruhigung. Er erreichte sogar das Samland, wo 1255 **Königsberg** – benannt nach König Ottokar II. von Böhmen, der an diesem Kreuzzug teilnahm – gegründet wurde. Die Repression gegen die Preußen war blutig und führte fast zur vollständigen Ausrottung des Volkes.

Am Ende des 13. Jahrhunderts bestand der Staat des Deutschen Ordens aus zwei Gebietskomplexen, einem nördlichen, bestehend aus Kurland, Livland und einem Teil Estlands sowie einem südlichen, der den ehemaligen Siedlungsraum der Prussen umfasste. Zwischen beiden lag ein schmaler Streifen, der zum **Litauischen Großfürstentum** gehörte.

Über ein Jahrhundert bemühte sich der Deutsche Orden, die Litauer auf diesem Gebietsstreifen zu besiegen. Selbst ihr Übertritt zum Christentum (1386) veränderte die Situation nicht grundsätzlich. Sie traten nun in eine Allianz mit den Polen und blieben Feinde des Deutschen Ordens. So wurde die Vereinigung Preußens mit Livland weiter verhindert.

Bis Mitte des 14. Jahrhunderts wuchs der Ordensstaat aber auf anderen Gebieten. 1309 war der Fürst **Pomerellens** kinderlos gestorben. Sowohl der Markgraf von Brandenburg als auch der König von Polen beanspruchten das Erbe. Während dieser Erbstreitigkeiten trat der Deutsche Orden auf die Seite Polens, eroberte in dessen Namen Pomerellen, ohne es aber zu restituieren. Die Frage der Rückgabe dieses Gebiets trübte das Verhältnis der ehemaligen Verbündeten und führte zu einer Reihe von Kriegen, bis Polen 1343 dem Deutschen Orden den Besitz Pomerellens zuerkannte. Klar wurde durch diesen Konflikt vor allem eines: Der Deutsche Ordensstaat war von seinem ursprünglichen Ziel, der Eroberung heidnischer Gebiete für die Christenheit, abgekommen. Im Falle Pomerellens handelte es sich nämlich um ein christlich-slawisches Territorium. Der Deutsche Orden war also offensichtlich zu einer reinen **Machtpolitik** gegenüber anderen christlichen Staaten übergegangen. Seine neuen Ambitionen aber mussten das Verhältnis zu Polen langfristig negativ beeinträchtigen.

Bis es dann 1409 zum entscheidenden Krieg kam, der in der **Schlacht von Tannenberg** mit einem Sieg Polens endete, erlebte der Deutsche Orden aber seine Blütezeit. Die Abtretung des nördlichen **Estlands** durch den König von Dänemark (1346) ließ seinen Gebietskomplex weiter anwachsen, besonders aber im Innern gelang der Aufbau sehr fester, zentralistischer Staatsstrukturen, die dem hierarchischen Aufbau des Ordens selbst entsprachen. Mit der Gründung von mehr als 1 000 Dörfern und 100 Städten entwickelte sich der Deutsche Ordensstaat auch wirtschaftlich bedeutend weiter. Als einige dieser Städte führende Mächte in der deutschen Städtehanse wurden, erlangte er maßgeblichen Einfluss auf den nordeuropäischen Handel.

Wirtschaftsräume im europäischen Zusammenhang

Handelsbeziehungen

Die europäische Wirtschaft konzentrierte sich im früheren Mittelalter auf zwei Schwerpunkte: den **Nord- und Ostseeraum** und das **Mittelmeergebiet**. Wichtige Handelszentren im Norden befanden sich in Flandern, der Normandie, in Schleswig, im südlichen England und vor allem im wikingischen Skandinavien. Von dort ausgehend setzte sich der Güteraustausch über das Kiewer Reich bis in den byzantinischen und arabischen Bereich fort. Im Süden betrieben in erster Linie die lombardisch-toskanischen und die italo-byzantinischen Umschlagszentren Orienthandel. Zu ersteren gehörten Pisa und Genua, zu letzteren Venedig, Bari und Neapel.

Die **Handelswege** führten meist an den Küsten oder den großen **Flüssen** entlang. In Westeuropa wurde die Nord-Süd-Achse durch Rhone, Rhein und Maas, in Osteuropa durch Dnjepr, Düna und Njemen abgedeckt. In Ost-West-Richtung standen die Loire und die Donau zur Verfügung. Wichtige Handelsstraßen zogen sich über die **Alpenpässe** (Brenner, Mont Cenis und seit dem 12. Jahrhundert Gotthard), von Spanien über Nordafrika in den Orient oder von Süddeutschland bis nach Kiew. Gehandelt wurde mit Luxus- und Gebrauchsgütern, Nahrungsmitteln, Metallen, Waffen und Sklaven. Bernstein, Felle, Fisch und Salz erreichten Westeuropa über den Ostseeraum, Seide, Gewürze und Farbstoffe wurden aus dem Orient importiert.

Handelsmächte

Im Hochmittelalter gründeten italienische Städte eigene **Handelskolonien** im vorderen Orient, in Nordafrika sowie am Schwarzen Meer und verdrängten damit Byzanz als Hauptumschlagsplatz für Waren aus dem arabischen Bereich. Besonders **Genua** und **Venedig** wurden bei dem Aufbau ihres Handelsnetzes zu Konkurrenten. Ihre wirtschaftliche Rivalität bestimmte über das ganze Mittelalter ihr politisches Verhältnis. Von dem Aufschwung der Hafenstädte profitierte besonders **Mailand**, das nun zum bedeutendsten Handelsknotenpunkt südlich der Alpen wurde.

Im nordwestlichen Europa konzentrierte sich der Handel seit Ende des 12. Jahrhunderts auf die **Champagne**. Die dort ansässigen Grafen hatten eine feste Abfolge von sechs Messen in vier unterschiedlichen Städten organisiert, die bald zu den wichtigsten Tauschplätzen für flandrisches Tuch gegen Güter aus aller Welt wurden. Dieses Handelszentrum erhielt Ende des 13. Jahrhunderts mit dem Aufstieg **Brügges** starke Konkurrenz und ging unter.

Der Weinmarkt in Brügge. Monatsbild aus dem Kalender von Simon Bening um 1530.

Im Norden bestimmten zunächst die **Wikinger** den Handel. Schon sehr früh hatten sie mit ihren flachen, seetüchtigen Booten den gesamten Ost- und Nordseeraum erobert, waren bis Island, Grönland und vielleicht sogar bis Nordamerika vorgedrungen, hatten die iberische Halbinsel umschifft und sich im Mittelmeerraum niedergelassen. Demzufolge umfassten ihre Handelsbeziehungen fast ganz Europa. Ihre Anbindung an

Nowgorod und andere russische Handelszentren führte zudem zu einer Verknüpfung des Schwarzmeerhandels mit dem westlichen Wirtschaftssystem.

Die Hanse

Die bis ins 12. Jahrhundert unangefochtene Position der Skandinavier zwischen England und dem Baltikum geriet durch die Gründung deutscher Kaufmannsgenossenschaften in vielen der neu besiedelten Städten des südlichen Ostseeraumes ins Wanken.

Im Rahmen des Wirtschaftsaufschwungs im 13. Jahrhundert öffneten sich diese so genannten Hansen den Handelsgenossenschaften anderer deutscher Städte. Da diese Städte nun durch ein gemeinsames **Handelsrecht** verbunden waren, entstand so etwas wie ein wirtschaftlicher Städtebund. Da die Grundlage des Zusammenschlusses das Recht der Handelsgenossenschaften (Hansen) war, nannte man ihn selbst auch „**Deutsche Städtehanse**“. Diese umfasste im 14. Jahrhundert etwa 70, im 15. gar 160 Städte. Zu ihnen zählten im Norden Bremen, Hamburg, Lübeck, Rostock, Danzig, Reval (Tallinn), weiter im Süden Köln, Erfurt, Breslau und Krakau.

Um ihre gemeinsamen Interessen zu vertreten, zögerten die Hansestädte nicht, vielerlei Zwangsmittel anzuwenden. Nach einer ersten Kraftprobe mit Brügge fühlten sie sich stark genug, eine Handelsblockade gegen Norwegen zu verhängen. Nachdem sie dort eine Hungersnot heraufbeschworen hatten, musste sich der König dieses Reichs geschlagen geben und ihnen umfangreiche Privilegien zugestehen. Als die Städtehanse dann gegen Ende des 14. Jahrhunderts in einen Seekrieg mit Dänemark eintrat und auch diesen gewann, zeigte sie, dass sie zu einer politischen Großmacht in Nordeuropa geworden war. Ihr allgemeiner Niedergang im 15. Jahrhundert hatte nicht nur interne Spannungen und konjunkturelle Veränderungen als Ursachen, sondern lag auch im Erstarken neuer Konkurrenten wie der Niederlande, Englands und einiger oberdeutscher Städte begründet.

Frankfurt, **Nürnberg** und **Augsburg** waren seit der Ausweitung des Reiches nach Osten in eine zentralere Stellung geraten und drangen nun in das Wirtschaftssystem der Hanse ein. Mit dem Entstehen neuer Handelswege bedurften die Händler des ferneren Ostens schon bald nicht mehr der Hanse als Vermittlerin mit Westeuropa oder dem Mittelmeerraum. Besonders die Augsburger **Fugger** übten im Nord- und Ostseehandel einen immer stärkeren Einfluss aus, bis sie sich zu Beginn des 16. Jahrhunderts den neuen Märkten in Spanien und den Niederlanden zuwandten. Das Zeitalter der Hanse wurde durch das Zeitalter der Fugger abgelöst.

Vergangenheit und Gegenwart

Mittelalterliche Geschichtsschreibung

Im frühen und hohen Mittelalter war Geschichte keine Wissenschaft für sich und wurde dementsprechend auch nicht unterrichtet. Erst die spätmittelalterlichen Humanisten machten sie zum Gegenstand einer spezifischen Lehre und zu Beginn des 16. Jahrhunderts erschien sie im Fächerkanon der Universitäten.

Dennoch gab es geschichtliche Werke. In ihnen ging es jedoch weniger um eine kritische Auseinandersetzung mit der Vergangenheit als um die Ermittlung des göttlich Exemplarischen und zeitlos Gültigen. In schriftlicher Form war Geschichte in diesem Sinne nur lateinkundigen Klerikern und Mönchen zugänglich. Laien, ob Adlige oder Bauern, hatten ihre eigene, mündliche Geschichtsüberlieferung in Sagen und Liedern, die erst im hohen Mittelalter in volkssprachlicher Form ins Schrifttum eindrangen.

Volks- und Nationalgeschichte

Die Germanen konnten als schriftloses Volk selbstständig keine Geschichte hervorbringen. Die Vergangenheit ihrer Völker wurde daher erst spät von Klerikern oder Mönchen in ihrer typischen Sichtweise aufgearbeitet. So entstanden vom Ende des 6. bis zum Beginn des 12. Jahrhunderts eine Geschichte der Franken, der Langobarden, der Goten, der Briten, der Sachsen und der Böhmen. Seit dem 12. Jahrhundert kam es von England und Frankreich ausgehend zu Ansätzen nationaler Geschichtsschreibung. Diese Vorläufer haben die Deutschen gelehrt, sich mit ihrer gemeinsamen Vergangenheit auseinander zu setzen. Jedoch sollte es noch bis zum 16. Jahrhundert dauern, bis sie den Übergang von der Reichsgeschichte zur Volksgeschichte vollzogen.

Weltgeschichte und Annalen

Das Gegenstück zur profanen Volksgeschichte war die christliche Weltgeschichte. Ihr Gegenstand ist die Menschheit als Ganzes innerhalb des göttlichen Schöpfungsplans vom Beginn bis zur jeweiligen Gegenwart oder bis an das Weltende. Die **Weltchroniken** des Mittelalters wurden auf verschiedene Weise strukturiert. Die Gliederung in **sechs** aufeinander folgende **Zeitalter**, von denen das sechste mit der Geburt Christi beginnt, rückt die mittelalterliche Gegenwart in unmittelbare Nähe des Jüngsten Gerichts und integriert profane Geschichte in die göttliche Heilsgeschichte. Die Unterteilung der Weltgeschichte nach der alttestamentlichen Traumdeutung Daniels in eine Abfolge von **vier Weltreichen** wiederum weist dem römischen Reich eine Sonderstellung innerhalb der **Heilsgeschichte** zu. Das letzte der vier von ihm beschriebenen Weltreiche, das bis zur Errichtung des göttlichen Reiches bestehen sollte, wurde mit dem römischen Imperium gleichgesetzt. Da nach dessen Ende kein weiteres irdisches Reich mehr möglich sein sollte, musste das römische bis zum Wiedererscheinen Christi bestehen. Aus dieser Folgerung leitete man die in vielerlei Hinsicht bedeutende, so genannte **Translationstheorie** ab, nach der das fränkische und später das deutsche Imperium Weiterführungen des römischen gewesen sein sollten.

Allen Weltchroniken liegt ein heilsgeschichtliches Gesamtkonzept zugrunde. Ihre Feinstruktur ist meist annalistisch, das heißt, die Ereignisse werden in Jahresabschnitten behandelt. Fehlt dieses Gesamtkonzept spricht man von **Annalen**. Dabei handelt es sich meist um Aufzeichnungen für den Gebrauch in Kloster oder Kirche. Annalen sind häufig Beiwerke von **Ostertafeln** (Verzeichnisse der Ostertermine), bei denen neben dem Osterdatum zusammenhanglos wichtige Ereignisse des Jahres eingetragen wurden, wie z. B. der Wechsel von Päpsten, Königen oder Äbten, Kriege oder Naturkatastrophen.

„Biographien" und Tatenberichte

Nicht nur Ereignisse waren Gegenstand mittelalterlicher Geschichte, sondern auch Personen. Ihnen widmete man spezifische biographische Werke. Mit den Lebensgeschichten (Viten) religiös oder politisch bedeutsamer Persönlichkeiten sollte zumeist ein Vorbild für die Mit- oder Nachwelt geschaffen werden. **Heiligenviten** bildeten häufig die Grundlage zur Kanonisierung eines als beispielhaft beschriebenen Einzelmenschen, wobei nicht nur der Kult seiner Person, sondern auch ein ganz bestimmtes Modell gesellschaftlich gefördert werden sollte. In solchen hagiographischen Schriften vermischen sich häufig Geschichte und Legende, Realität und Wunder.

Eine andere Form der geschichtlichen Darstellung sind die so genannten **Tatenberichte** (*Gestae*). In ihnen wurde eine Person oder eine Personengruppe in den Mittelpunkt gerückt und im sachlichen Zusammenhang mit ihrer Umgebung beschrieben. So wurde beispielsweise der Bericht über das Amt aufeinander folgender Äbte eines Klosters zu einer Klostergeschichte, oder eine Abhandlung über sich abwechselnde Bischöfe zu einer Kirchengeschichte.

Bürgerliche Geschichte

Kloster- oder Bistumsgeschichten konnten in Landes- oder Stadtchroniken übergehen. Eine regelrecht territoriale oder städtische Geschichtsschreibung, die sich von vornherein für die inneren Zusammenhänge eines Landes oder einer Stadt interessierte und von ihrem Ursprung her bürgerlich war, trat erst Ende des Mittelalters auf. In diesen volkssprachlich abgefassten Werken wurde die Begrenzung des Blickwinkels gegenüber dem frühen Mittelalter sehr deutlich. War früher die Welt als Ganzes Gegenstand der Betrachtung, war es später der eng umgrenzte Raum eines Fürstentums oder anderen Gemeinwesens. Der geschichtliche Horizont war offensichtlich dem politischen gefolgt.

Bild- und Sachzeugnisse der mittelalterlichen Lebenswelt

Das Mittelalter hat nicht nur Texte hinterlassen, es ist auch in zahlreichen anderen Formen überliefert: Malerei, Skulptur, Musik, Architektur und natürlich in vielen archäologischen Überresten. Jedes dieser Zeugnisse aus vergangener Zeit ist dabei Ausdruck einer spezifischen Geisteshaltung oder Lebensform.

In einer Gesellschaft geringer Schriftlichkeit hat das Bild besonders hohen Stellenwert und nimmt auch im Buch einen wichtigen Platz ein. Bilder wurden in **Kirchen** angebracht, damit, wer nicht lesen konnte, wenigstens visuell in der Lage war, die wichtigsten Glaubenswahrheiten zu verstehen. Im **Buch** ergänzten Bilder den Text und sollten das Vorstellungsvermögen ansprechen.

Abbildungen wurden außerdem dazu benutzt, den Menschen über die ideologischen Grundlagen einer Herrschaft zu belehren. Auf **Siegeln**, **Wappen** oder **Geldstücken** zeigte der König oder Fürst, auf welchen Elementen seine Macht beruhte. Auch sollten bildliche Symbole helfen, Abstraktionen greifbar werden zu lassen. So erschien das Reich in seinen Insignien Krone, Apfel, Zepter, Lanze als von der Person des Königs losgelöstes transpersonales Staatswesen, das von einem Herrscher auf den anderen übertragen werden konnte.

Auf dem Königssiegel von 936 erscheint Otto I. im Seitenprofil als Feldherr mit Lanze und Schild. Im Kaisersiegel von 966 stellt er sich nicht mehr als Krieger, sondern frontal mit den königlich-kaiserlichen Insignien dar. Die majestätische Ausstrahlung macht den Wandel des Herrschaftsverständnis nach der Kaiserkrönung 962 und dem Sieg gegen die Ungarn 955 deutlich.

Ganze **Bilderserien** wurden entworfen, um über die großen Taten der Herrscher zu informieren. Die ohne Zweifel großartigste dieser Bildgeschichten ist der **Wandteppich von Bayeux**. Auf 70 m wird dem Betrachter eine reiche Szenenfolge mit Text zur normannischen Eroberung Englands geliefert.

Auch die mittelalterliche **Sakralarchitektur** ist im weiteren Sinne ein Bildzeugnis. Sie ist direkter Ausdruck bestimmter Formen der Spiritualität und der kirchlichen Herrschaftsauffassung. So sollte im romanischen Massenbau – die **Romanik** erstreckte sich etwa von der Mitte des 11. bis zum Beginn des 13. Jahrhunderts – die Harmonie zwischen Geist und Materie, zwischen diesseitiger Gebundenheit und jenseitiger Erhabenheit zum Ausdruck kommen und mit der Verwendung von solidem Stein als Baumaterial (statt wie früher häufig Holz) die Festigkeit der Kirchenherrschaft versinnbildlicht werden. Die Kirche wurde zur Gottesburg. Ihre Größe in Relation zu den bescheidenen Wohnungen der Menschen stand für das Verhältnis von Kirche und Welt.

Ganz im Gegensatz dazu ist die **Gotik** – sie setzte sich mit dem beginnenden 13. Jahrhundert durch – geprägt von einer Architektur der Schwerelosigkeit. Gotische Kirchen erscheinen nahezu als gläserne Gehäuse. Die Farbigkeit ihrer riesigen Fensterflächen erzeugt im Innenraum eine vergeistigte, jenseitige Stimmung. Spirituell entsprach dieser Architektur die Lichtmystik der gotischen Zeit. Die Betonung der vertikalen Linien erweckt den Eindruck des Emporstrebens zu Gott und symbolisiert das Bemühen der Kirche um eine Ausrichtung der gesamten Gesellschaft auf ihn hin.

Was für den Sakralbau gilt, kann auf andere Formen der Architektur angewendet werden. Auch sie sind Ausdruck einer ganz bestimmten Lebensform und eines noch heute wahrnehmbaren Lebensgefühls. Prächtige **Bürgerhäuser** zeugen von dem Aufstieg neuer städtischer Gesellschaftsschichten, **Stadtmauern** geben einen Eindruck kommunaler Machtentfaltung, die **Burg** oder das **Schloss** deuten auf adlige Wehrhaftigkeit. Regionale Erscheinungsformen dieser Architekturen wiederum bieten Hinweise auf spezifische Bedingungen und Anforderungen.

Das Heer Wilhelms zieht nach der Einnahme von Rennes 1064 weiter. Wilhelm, mit seinem Prunkschwert thronend, nimmt dem Grafen Harold in Bayeux den Eid ab, dass dieser ihn bei seiner Anwartschaft auf den englischen Thron unterstütze. 1066 trifft ein Schiff in der Normandie ein und bringt die Nachricht, dass Harold trotz des Schwurs den englischen Thron bestiegen hat.

Der Frage nach den greifbaren Spuren des mittelalterlichen **Alltagslebens** widmet sich die Mittelalterarchäologie. Sie geht nicht nur den unterirdischen Resten städtischer oder ländlicher Wohnstätten und den Gegenständen des täglichen Gebrauchs nach, sie interessiert sich auch für die Ernährungs- und Hygienebedingungen des mittelalterlichen Menschen, für seine Größe, seine Kleidung, seine Krankheiten, seine Art zu leben und zu sterben. Dazu werden Reste aus Kloaken parasitologisch analysiert, Brunnen und Abwasserleitungssysteme aufgedeckt, Gräber und ganze Friedhöfe freigelegt, einstmalige Müllhalden untersucht und in ehemaligen Gärten nach Samen und Fruchtkernen geforscht. Diese Arbeit fördert sehr viele **materielle Kulturzeugnisse** zutage und liefert ein ungleich kontrastreicheres Bild der mittelalterlichen Lebenswelt als es der reine Rückgriff auf schriftliche Quellen je zu zeichnen erlaubt hätte.

Das Mittelalter in unserer heutigen Zeit

Das Mittelalter ist „in", darüber besteht kein Zweifel. Allsommerlich putzen Städte und Gemeinden ihre mittelalterlichen Altstädte schmuck heraus, um Touristen anzulocken, finden überall in Europa mittelalterliche Märkte oder Feste statt und ziehen Tausende von Besuchern in Mittelalter-Ausstellungen verschiedenster Art. Ob im Kino oder Fernsehen, in Büchern oder Computerspielen – überall begegnen uns mittelalterliche Motive. Mal karnevalistisch-grotesk, mal romantisch-verschwärmt, mal martialisch-aggressiv, fast immer aber einseitig verzerrt, wird uns über vielerlei Medien ein **konsumfertiges Mittelalter** mundgerecht präsentiert.

Beschäftigt man sich eingehender mit dieser Epoche, wird schnell klar, wie wenig wir überhaupt noch mit Sicherheit von ihr wissen können. Das Mittelalter ist uns lediglich in Fragmenten erhalten, die selbst der geschulte Spezialist nur noch mit Schwierigkeiten zum Sprechen bringt. Und auch er wird bei ihrer Interpretation nicht anders können, als einen Teil seiner Gegenwart in sie hineinzuprojizieren. Ein von allen **Voreingenommenheiten** freies Mittelalterbild kann es also trotz aller Bemühungen nicht geben.

Gerade aber der Dialog mit einer fremden, anderen Zeit als der unseren bildet den Reiz, sich mit mittelalterlicher Geschichte zu befassen. Wer sich mit dem Anderen auseinandersetzt, dem wird es leichter fallen, das Eigene richtig einzuordnen und zu bewerten. Er wird andererseits auch verstehen, wie viel Einheit sich schließlich hinter unserer modernen Vielfalt verbirgt und sich gegenüber dem misstrauisch zeigen, was man uns heute leichtfertig oder bewusst als identitätsspendende Abgrenzungen präsentiert.

Wer glaubt, das Mittelalter sei im 20./21. Jahrhundert nicht mehr aktuell, der möge auch berücksichtigen, dass der Nationalsozialismus wie kein Regime zuvor Zerrbilder des Mittelalters zur Rechtfertigung seines Herrschaftssystems eingesetzt hat. Germanentum, Gefolgschaftstreue, das auf Hitler umgemünzte Königsheil, Himmlers pathetische Reden über Heinrich I. – all das waren Elemente einer Propaganda, die dem Verhältnis zwischen Volk und Führer eine verschwommen-idealisierte Mittelalterlichkeit vermitteln sollten. Andererseits lässt sich natürlich auch feststellen, dass die Verfolgung von Juden, die gewaltsame Bekämpfung sozialer und religiöser Minderheiten und der Ausschluss von Kranken aus der Gesellschaft nicht erst auf dem Boden nationalsozialistischer Ideologie gewachsen sind. Was wie ein Einzelphänomen des 20. Jahrhunderts aussehen könnte, hat offensichtlich erschreckend viel tiefere Wurzeln innerhalb der abendländischen Gesellschaft als man sich gemeinhin vorstellen möchte.

Die romanische Krypta der ehemaligen Damenstiftskirche St. Maria im Kapitol in Köln wurde 1015 begonnen und 1065 geweiht. Die Skulpturen der Uta und des Ekkehard II. von Meißen sind Meisterwerke der Gotik des 13. Jh.

Literatur

Angenendt, Arnold: Das Frühmittelalter. Stuttgart: Kohlhammer, 2. Auflage 1995

Bookmann, Hartmut: Stauferzeit und spätes Mittelalter. Deutschland 1125–1517. Berlin: Siedler 1987

Borgolte, M.: Die mittelalterliche Kirche. (Enzyklopädie deutscher Geschichte 17). München 1992

Borst, Arno: Barbaren, Ketzer und Artisten. München: Piper 1990

Borst, Arno: Lebensformen im Mittelalter. Propyläen Taschenbuch bei Ullstein, Neuausgabe 1997

Brühl, Carlrichard: Deutschland-Frankreich. Die Geburt zweier Völker. Köln: Böhlau 1990

Dinzelbacher, Peter (Hrsg.): Sachwörterbuch der Mediävistik. Stuttgart: Kröner 1992

Dollinger, Philippe: Die Hanse. Stuttgart: Kröner, 4. erweiterte Auflage 1989

Erdmann, Carl: Die Entstehung des Kreuzzugsgedankens. Darmstadt: Wissenschaftliche Buchgesellschaft 1980

Fichtenau, Heinrich: Ketzer und Professoren. München: C. H. Beck'sche Verlagsbuchhandlung 1992

Grundmann, Herbert: Religiöse Bewegungen im Mittelalter. Hildesheim: Georg Olms Verlagsbuchhandlung 1961

Hermann, Bernd (Hrsg.): Mensch und Umwelt im Mittelalter. Wiesbaden 1986

Higounet, Charles: Die deutsche Ostsiedlung im Mittelalter. Berlin 1986

Hlawitschka, Eduard: Vom Frankenreich zur Formierung der europäischen Völkergemeinschaft 840–1046. Ein Studienbuch zur Zeit der späten Karolinger, der Ottonen und der früher Salier in der Geschichte Mitteleuropas. Darmstadt: Wissenschaftliche Buchgesellschaft 1986

Kantorowicz, Ernst: Kaiser Friedrich II. Stuttgart: Klett-Cotta, 3. Aufl. 1992

Laudage, Johannes (Hrsg.): Der Investiturstreit. Quellen, Dokumente, Materialien. Köln: Böhlau 1989

Riché, Pierre: Die Karolinger. Eine Familie formt Europa. Stuttgart 1987

Rösner, Werner: Bauern im Mittelalter. München: H. Beck'sche Verlagsbuchhandlung 1985

Simek, Rudolf: Erde und Kosmos im Mittelalter. München: C. H. Beck'sche Verlagsbuchhandlung 1992

Stichwortverzeichnis

Bildnachweis

S. 1: British Libary; S. 5: Bildarchiv preußischer Kulturbesitz; S. 6: Jean de Mandeville: Reisen. Augsburg 1480 (li), Bildarchiv preußischer Kulturbesitz (re); S. 12 Bildarchiv preußischer Kulturbesitz; S. 14: Bildarchiv preußischer Kulturbesitz; S. 16: beide Abb.: Bildarchiv preußischer Kulturbesitz; S. 17: Bildarchiv preußischer Kulturbesitz; S. 22: Bildarchiv preußischer Kulturbesitz; S. 27: Bildarchiv preußischer Kulturbesitz (re); S. 28: Original: Heidelberg, Universitätsbibliothek, Foto: Lutz Braun, Bildarchiv preußischer Kulturbesitz; S. 31: beide Abb.: Bildarchiv preußischer Kulturbesitz; S. 33: Chronica S. Pantaleonis, Wolfenbüttel, Herzog August Bibliothek, Wolfenbüttel, Foto: Uwe Brunn; S. 42: beide Abb.: Bildarchiv preußischer Kulturbesitz; S. 46: Bildarchiv preußischer Kulturbesitz; S. 48: (li) The Metropolitan Museum of Art, New York, Bequest of George Blumenthal, 1941, (re) Original: Mailand, Castello Sforzesco, Foto: Alfredo Dagli Orti, Bildarchiv preußischer Kulturbesitz; S. 49: Original: Musée national du Moyen Age, Paris, Thermes & Hôtel de Cluny, Foto: Photo RMN; S. 51: Bildarchiv preußischer Kulturbesitz; S. 54: Bildarchiv preußischer Kulturbesitz; S. 57: Bildarchiv preußischer Kulturbesitz; S. 61: (li) Bibliotheca Apostolica Vaticana, (re) Bildarchiv preußischer Kulturbesitz; S. 68: Bildarchiv preußischer Kulturbesitz; S. 74: Bildarchiv preußischer Kulturbesitz; S. 81: Original: Paris, Bibliothèque Nationale de France, Foto: Gerard Le Gall, Bildarchiv preußischer Kulturbesitz; S. 85: Hamburger stadtrecht, 1487, Foto: Uwe Brunn; S. 90: British Libary; S. 91: Speculum virginum, um 1200, AKG Berlin; S. 92: British Museum, London; S. 93: Bildarchiv preußischer Kulturbesitz; S. 95: Bildarchiv preußischer Kulturbesitz (li); S. 96, 97: AKG Berlin; S. 100: Preußischer Kulturbesitz, Kunstbibliothek; S. 104: beide Abb.: Bildarchiv preußischer Kulturbesitz; S. 106: Bildarchiv preußischer Kulturbesitz; S. 111: Bildarchiv preußischer Kulturbesitz; S. 115: (li) Mauritius-Bildagentur, Mittenwald, Foto: Backhaus; S. 117: Bildarchiv preußischer Kulturbesitz; S. 121: (li) Hessisches Staatsarchiv, Marburg (re) Original: Landeshauptarchiv Sachsen–Anhalt, Magdeburg, Foto: Hans-Wulf Kunze; S. 122, 123: Bildarchiv preußischer Kulturbesitz; S. 124: beide Abb.: Bildarchiv preußischer Kulturbesitz

(Bitte blättern Sie um)